이화 한국어

이화 한국어 Workbook 5

지은이 이정연 · 이민경 · 김민정 · 이화영 · 장세영

펴낸날 1판 1쇄 2012년 10월 5일
6쇄 2022년 12월 12일

펴낸이 주소현 **펴낸곳** 이화여자대학교출판문화원
주소 서울특별시 서대문구 이화여대길 52(우 03760) **등록** 1954년 7월 6일 제9-61호
전화 02) 362-2966(편집), 02) 362-6076(마케팅) **팩스** 02) 312-4312
전자우편 press@ewha.ac.kr **홈페이지** www.ewhapress.com

책임편집 이혜지, 이정원 **디자인** design **Vita** **일러스트** 이지영

ISBN 978-89-7300-960-2 14710
978-89-7300-875-9 (세트)
값 14,000원

* 잘못된 책은 구입처에서 바꾸어 드립니다.

이화여자대학교 언어교육원
Ewha Womans University
Ewha Language Center

이화 한국어

이정연 · 이민경 · 김민정 · 이화영 · 장세영 지음

Workbook 5

책을 펴내면서

이화여자대학교 언어교육원은 국내 최초의 의사소통 중심 교재 『말이 트이는 한국어(Pathfinder in Korean)』를 발간한 지 12년 만에 새로운 의사소통 중심 교재 『이화 한국어(Ewha Korean)』를 발간하게 되었습니다. 지난 10여 년 동안 『말이 트이는 한국어(Pathfinder in Korean)』는 세계 각국에서 한국어 교재로 널리 사용되어 왔으며 현재까지도 외국인들에게 한국어 학습의 좋은 길잡이가 되고 있습니다. 그러나 새로운 시대 흐름에 맞춘 교재 집필이 필요하다고 생각되어 언어교육원에서는 2008년부터 『이화 한국어(Ewha Korean)』 개발에 착수하였으며, 교육과학기술부의 '2009 한국어 연수 프로그램 지원사업'에 선정되어 교재 개발에 박차를 가할 수 있게 되었습니다. 그리고 지난 일 년간 언어교육원 한국어 과정에서 몇 차례의 시험 사용, 수정 작업을 거쳐 발간하기에 이르렀습니다. 『이화 한국어(Ewha Korean)』 시리즈는 1급에서 6급까지 총 30권의 교재와 연습서로 구성되며, 앞으로 단계적으로 발간될 예정입니다.

『이화 한국어(Ewha Korean)』는 말하기 · 듣기 · 읽기 · 쓰기의 통합 교재이며 초급부터 고급까지 연계적으로 구성되어 있습니다. 이 교재는 네 가지 언어 기능의 균형 있는 발전을 유도하면서도 특히 말하기 능력을 강화하도록 고안된 것이 특징입니다. 말하기 연습을 유도하는 장치로 'Try it'을 활용하였는데 이것은 외국인 학습자가 주도적으로 대화를 이끌어 갈 수 있도록 담화 순서와 문장의 핵심어를 담은 것입니다. 이 장치를 따라 말하기 연습을 함으로써 학습자는 단순 암기 방식에서 벗어나서 주도적으로 대화를 이끌어 가는 능력을 기를 수 있을 것입니다. 또한 최근 학습자 성향과 편의를 고려하여 1~3급은 교재를 두 권으로 구성하였으며, 1급과 2급은 영어, 일본어, 혹은 중국어(간체, 번체)로 설명을 넣는 등 세밀하게 학습자 요구를 반영하고자 하였습니다.

이화여자대학교 언어교육원을 대표하여, 『이화 한국어(Ewha Korean)』가 출간되기까지 이 책의 저자들이 쏟은 열정과 노고에 대해서 깊은 감사를 드립니다. 또한 내용 구성에 많은 조언을 해 주신 이해영, 김영규, 최형용, 박선희 교수님께 감사의 말씀을 드리며, 문학 부분에 조언을 해 주신 김현자 교수님께도 감사의 말씀을 드립니다. 또한 편집과 출판을 맡아 주신 이화여자대학교출판문화원에도 고마움을 전합니다.

앞으로 『이화 한국어(Ewha Korean)』가 국내외에서 한국어 교재로 널리 활용되어 한국어를 쉽고 재미있고 효과적으로 교수 · 학습하는 데 기여하기를 기대합니다.

2010년 6월

이화여자대학교 언어교육원

원장 양 혜 순

차례

Workbook 구성표

단원	제목	내용	
		어휘	준비합시다
1	언어와 생활	언어 관련 어휘 어휘 확장 돌리다 속담 말이 씨가 된다 / 가는 말이 고와야 오는 말이 곱다 입은 비뚤어져도 말은 바로 하랬다	–나 하다 –(으)므로 만 해도
2	현대인과 건강	건강 관련 어휘 어휘 확장 고치다 속담 병 주고 약 준다 / 입에 쓴 약이 병에는 좋다 모르면 약이요 아는 게 병이다	–기(가) 일쑤이다 –지 –든지 –든지
3	역사와 인물	역사 관련 어휘 어휘 확장 세우다 속담 공든 탑이 무너지랴 / 벼는 익을수록 고개를 숙인다 될성부른 나무는 떡잎부터 알아본다	–기(가) 이를 데 없다 –(으)랴 –(으)랴 –(으)ㅁ으로써
4	과학과 기술	과학 관련 어휘 어휘 확장 거두다 속담 세월이 약이다 / 가는 날이 장날이다 / 십 년이면 강산도 변한다	–ㄴ/는다고 하더라도 –아/어 내다 –게끔
5	현대 사회와 개인	사회 관련 어휘 어휘 확장 걸리다 속담 가재는 게 편이다 / 백지장도 맞들면 낫다 / 달면 삼키고 쓰면 뱉는다	–ㄴ/는다기보다 –(으)ㄹ뿐더러 –자
6	문화와 상징	문화 관련 어휘 어휘 확장 차리다 속담 호랑이도 제 말 하면 온다 / 닭 잡아먹고 오리발 내민다 서당 개 삼 년에 풍월을 읊는다	–(으)ㄹ 정도 –(으)면 몰라도 –(으)ㄴ 나머지
7	자연과 환경	환경 관련 어휘 어휘 확장 들다 속담 산 넘어 산이다 / 금강산도 식후경이다 사공이 많으면 배가 산으로 간다	(이)야말로 –기 나름이다 (이)나마
8	매체와 사회	매체 관련 어휘 어휘 확장 타다 속담 등잔 밑이 어둡다 / 꿩 구워 먹은 소식이다 / 아니 땐 굴뚝에 연기 날까	–아/어 대다 –(으)려야 –다시피 하다
9	경제와 소비 생활	경제 관련 어휘 어휘 확장 올리다 속담 싼 것이 비지떡이다 / 같은 값이면 다홍치마이다 외상이면 소도 잡아먹는다	–(으)ㄴ/는 법이다 –ㄴ/는답시고 –다가도
10	예술과 문학	예술 관련 어휘 어휘 확장 나오나 속담 수박 겉 핥기이다 / 꿈보다 해몽이 좋다 / 나무를 보고 숲을 보지 못한다	–(으)/는 이상 –(으)리라 –(으)오

내용			
말해 봅시다	읽어 봅시다	써 봅시다	토의/토론해 봅시다
한국어로 인한 실수담 말하기 표현 친구가 한국에 처음 왔을 때의 한국어 실력 추측하기 인사말을 오해한 경험 말하기 인사말을 잘 몰라서 실수한 경험 말하기	말의 중요성에 대한 칼럼 읽기	사투리를 소개하는 설명문 쓰기	바람직한 대화법에 대해 토의하기
질병을 유발하는 잘못된 습관 말하기 표현 친구의 잘못된 습관 말하기 잡지에서 본 비만의 원인 말하기 잘못된 습관을 고치기 어려움을 말하기	건강에 대한 신문 기사문 읽기	건강하게 사는 비결에 대한 연설문 쓰기	외모와 행복의 관계에 대해 토론하기
문화재의 역사적인 가치와 특징에 대해 말하기 표현 주의를 환기하며 발표 시작하기 종묘의 역사적인 가치에 대해 말하기 발표 마무리하기	여행지를 소개하는 투고문 읽기	유물 전시회를 알리는 홍보문 쓰기	역사적인 인물에 대해 토의하기
과학 발명품이 없는 생활에 대해 말하기 표현 상대방의 말을 부정하기 텔레비전이 반드시 필요함을 강조해서 말하기 상대방의 말에 일부 동의하기	미래의 가상 일기 읽기	미래의 신문 기사문 쓰기	동물 복제 허용에 대해 토론하기
변화된 사회 현상에 대해 말하기 표현 이직률이 증가하는 추세 말하기 과거의 사회 모습 말하기 자신이 생각하는 다른 원인 말하기	사회 문제 해결 방법에 대한 논설문 읽기	현대의 사회상을 반영하여 우화 개작하기	도덕적 행동의 법제화에 대해 토론하기
한국 문화에 대한 설문 조사 결과 말하기 표현 설문 조사 기간 및 대상에 대해 말하기 설문 조사 결과 말하기 설문 조사 결과 분석해서 말하기	유명인과의 인터뷰 기사문 읽기	음식 문화 차이에 대한 투고문 쓰기	전통문화의 계승 방법에 대해 토론하기
환경 문제를 최소화하기 위한 방안 말하기 표현 지구 온난화의 심각성 말하기 실천의 중요성 강조해서 말하기 뒤늦은 후회는 소용없음을 말하기	환경 보호에 대한 연설문 읽기	자연에 대한 수필 쓰기	환경 보호 활동에 대해 토의하기
인터넷으로 인한 피해와 그 원인 말하기 표현 댓글로 다른 사람에게 상처를 줄 가능성을 생각해 본 적이 있음을 말하기/댓글로 다른 사람들에게 상처를 주게 되는 원인 말하기/자신도 피해자가 될 수 있음을 말하기	한국 영화에 대한 설명문 읽기	영화평 쓰기	연예인의 사생활 보호에 대해 토론하기
경제 상황이 생활에 미치는 영향 말하기 표현 일자리 찾기의 어려움 말하기 취업하기 힘들다고 불평하기 당연한 사실을 근거로 하여 자신의 계획 말하기	소비 심리에 대한 설명문 읽기	상품 정보를 제공하는 사용 후기 쓰기	합리적인 소비 생활에 대해 토의하기
미술 작품에 대해 말하기 표현 자세히 보지 않아서 무슨 그림인지 잘 모르겠음을 말하기 비전문가의 입장에서 그림을 평가하기 어려움을 말하기 새롭게 깨달은 사실 말하기	시 평론 읽기	모방 시 쓰기	예술적 가치에 대해 토론하기

Workbook 구성과 사용법

- 『이화 한국어 Workbook 5』는 『이화 한국어 5』에 맞춰 개발된 연습서입니다. 이 연습서는 교재 내용에 대해 보충 학습, 심화 학습이 가능하도록 설계되었으며, 교실 내 수업과 개인 학습에서 모두 사용할 수 있도록 개발되었습니다.
- 『이화 한국어 Workbook 5』는 교재 구성에 맞춰 **어휘** ⇨ **준비합시다** ⇨ **말해 봅시다** ⇨ **읽어 봅시다** ⇨ **써 봅시다** ⇨ **토의/토론해 봅시다**로 구성되었습니다.

어휘 단원의 주요 어휘에 대한 연습입니다. 이 부분에서 다룬 어휘들은 단원의 필수 어휘이므로 반드시 학습자가 기억해야 하는 내용들입니다.

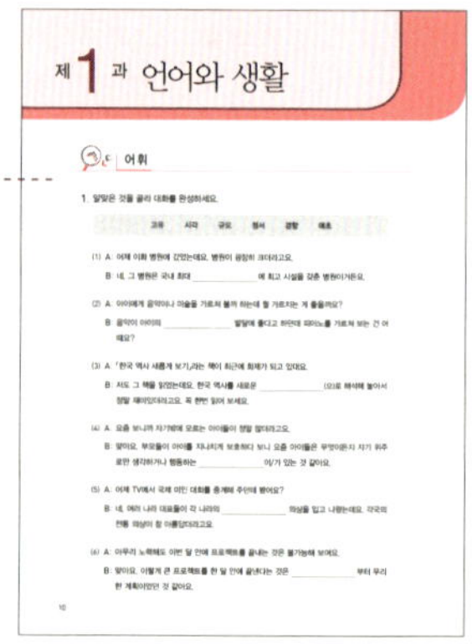

준비합시다 단원의 문법 항목에 대해 연습을 제시하여 정확한 문법 사용 능력을 기를 수 있도록 설계하였습니다. 이 연습 문제는 학습자가 교재의 문법 학습 시에 함께 사용하거나 복습 자료로 사용하도록 하기 위한 것입니다.

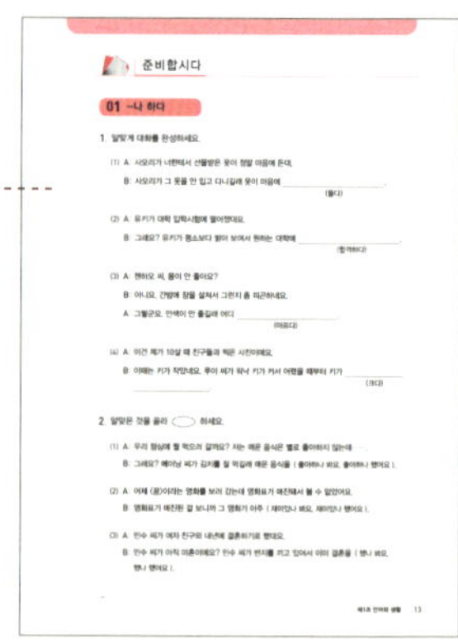

말해 봅시다 단원의 Part 1에서 다룬 표현과 말하기 과제를 연습하는 부분입니다. 워크북의 대화는 교재의 말하기 과제와 상황은 유사하지만 내용을 일부 변형하여 교재 학습 후에 추가 자료로 사용하도록 설계하였습니다. 변형된 말하기 대화를 읽고 내용 이해를 점검할 수 있는 연습 문제도 제공하였습니다.

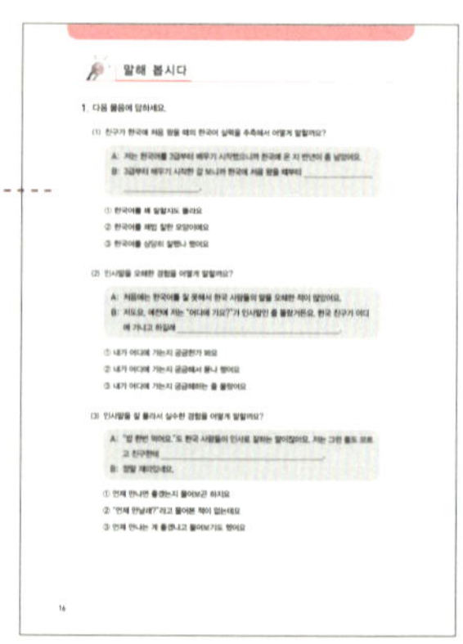

읽어 봅시다 단원 주제와 관련된 내용의 읽기를 제시하였습니다. 학습자가 다양한 유형의 글을 접할 수 있도록 단원의 읽기와 다른 유형의 글을 제시하였습니다.

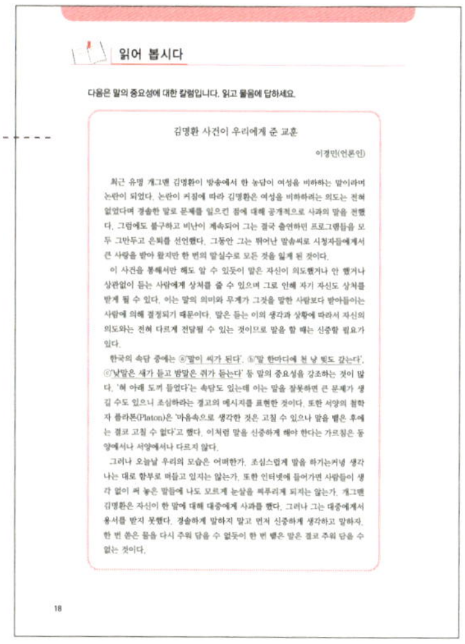

써 봅시다 단원의 주제와 관련된 내용을 쓸 수 있도록 설계하였습니다. 학습자의 부담을 줄여 주고자 정보를 제공하고 그것을 참고로 글을 쓸 수 있도록 구성하였습니다. '정답' 부분에 모범글을 제시하여 학습자 스스로 확인 학습이 가능하게 하였습니다.

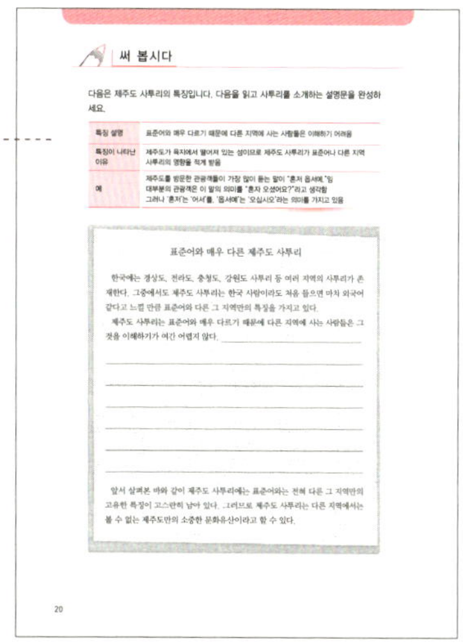

토의/토론해 봅시다 교재에 제시된 주제와 관련된 토의 및 토론의 한 부분을 제시하였습니다. 학습자가 토의 및 토론 표현을 익히고 토의 및 토론 내용을 점검할 수 있도록 연습 문제도 제공하였습니다.

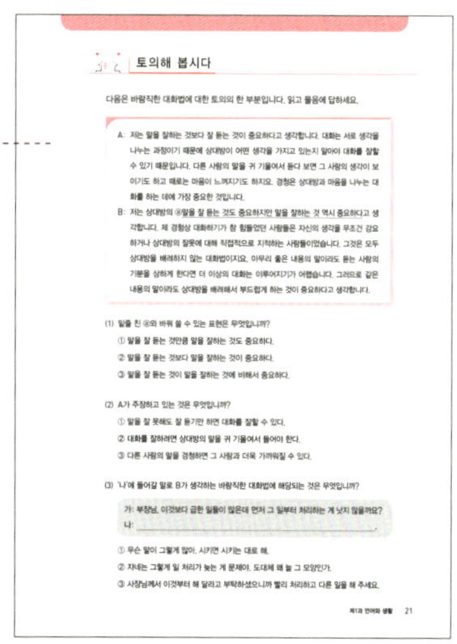

제 1 과 언어와 생활

어휘

1. 알맞은 것을 골라 대화를 완성하세요.

고유	시각	규모	정서	경향	애초

(1) A: 어제 이화 병원에 갔었는데요. 병원이 굉장히 크더라고요.

B: 네, 그 병원은 국내 최대 ____________에 최고 시설을 갖춘 병원이거든요.

(2) A: 아이에게 음악이나 미술을 가르쳐 볼까 하는데 뭘 가르치는 게 좋을까요?

B: 음악이 아이의 ____________ 발달에 좋다고 하던데 피아노를 가르쳐 보는 건 어때요?

(3) A: 「한국 역사 새롭게 보기」라는 책이 최근에 화제가 되고 있대요.

B: 저도 그 책을 읽었는데요. 한국 역사를 새로운 ____________(으)로 해석해 놓아서 정말 재미있더라고요. 꼭 한번 읽어 보세요.

(4) A: 요즘 보니까 자기밖에 모르는 아이들이 정말 많더라고요.

B: 맞아요. 부모들이 아이를 지나치게 보호하다 보니 요즘 아이들은 무엇이든지 자기 위주로만 생각하거나 행동하는 ____________이/가 있는 것 같아요.

(5) A: 어제 TV에서 국제 미인 대회를 중계해 주던데 봤어요?

B: 네. 여러 나라 대표들이 각 나라의 ____________ 의상을 입고 나왔는데요. 각국의 전통 의상이 참 아름답더라고요.

(6) A: 아무리 노력해도 이번 달 안에 프로젝트를 끝내는 것은 불가능해 보여요.

B: 맞아요. 이렇게 큰 프로젝트를 한 달 안에 끝낸다는 것은 ____________부터 무리한 계획이었던 것 같아요.

2. 알맞은 것을 골라 대화를 완성하세요.

달하다	적용되다	발생하다	동일하다	지적하다	익살스럽다	믿음직스럽다

(1) A: 이번 홍수로 인한 피해가 어마어마하다면서요?

B: 네. 피해가 너무 커서 피해액이 무려 100억 원에 ____________________.

(2) A: 어제 드라마 〈친구〉를 봤어요?

B: 네. 주인공이 어찌나 ____________________ 연기를 잘하는지 너무 재미있어서 보는 내내 웃었어요.

(3) A: 박사님, 이번에 새로운 농업 기술이 개발되었다고 들었습니다.

B: 그렇습니다. 이 기술이 벼농사에 ____________________ 쌀 생산이 두 배 가까이 늘어날 것으로 보입니다.

(4) A: 절도 사건의 범인이 잡혔다면서요?

B: 네. 경찰 조사 결과, 종로 일대에서 일어난 절도 사건이 ____________________ 사람의 범행으로 밝혀졌대요.

(5) A: 어제 고속도로에서 5중 추돌 사고가 났다는 기사 봤어요?

B: 네. 트럭이 고장으로 갑자기 멈추는 바람에 뒤따르던 차량이 연이어 추돌하는 사고가 ____________________.

(6) A: 메이닝, 졸업 논문은 잘 진행되고 있어?

B: 잘 되기는. 어제 논문 때문에 교수님을 뵈었는데 교수님께서는 내 논문에 창의성이 부족하다고 ____________________.

(7) A: 최 대리한테 전화해서 일이 잘 진행되고 있는지 알아봅시다.

B: 최 대리에게서 연락이 올 때까지 기다리는 게 좋지 않을까요?

A: 지난번에 최 대리가 큰 실수를 저질러서 그런지 ____________________. 당장 전화해 봅시다.

3. 알맞은 것을 골라 문장을 완성하세요.

말을 돌리다	차를 돌리다	선물을 돌리다

(1) 선거 운동 기간 동안 후보자가 지역 주민들에게 식사를 대접하거나 ________________ 것은 선거법에 어긋난다.

(2) 한국 사람들은 부탁하거나 거절할 때 직접적으로 말하기보다는 완곡하게 ________________ 하는 경향이 있다.

(3) 출근하는 길에 어머니께서 갑자기 쓰러지셨다는 전화를 받고 ________________ 집으로 돌아갔다.

4. 알맞은 속담을 골라 대화를 완성하세요.

말이 씨가 된다	가는 말이 고와야 오는 말이 곱다	입은 비뚤어져도 말은 바로 하랬다

(1) A: 우리 회사 사정이 안 좋다고 하던데 이러다가 인원을 감축하게 되는 건 아닐까요?

B: 그런 말은 하지 마세요. ________________________ 말도 있잖아요.

(2) A: 어제 동생이 방에서 시끄럽게 통화하길래 내가 짜증을 냈더니 동생이 오히려 나한테 화를 내는 거 있지?

B: 좋게 말하지 그랬어. ________________________ 네가 먼저 짜증을 내니까 동생도 언성을 높였을지 몰라.

(3) A: 엄마, 제가 일찍 깨워 달라고 신신당부했는데도 왜 일찍 안 깨우셨어요? 엄마 때문에 학교에 지각하게 됐잖아요.

B: 그게 왜 나 때문이니? ________________________ 내가 몇 번이나 깨웠는데도 네가 다시 잠들었잖니.

준비합시다

01 -나 하다

1. 알맞게 대화를 완성하세요.

(1) A: 사오리가 너한테서 선물받은 옷이 정말 마음에 든대.

B: 사오리가 그 옷을 안 입고 다니길래 옷이 마음에 ____________________.
(들다)

(2) A: 유키가 대학 입학시험에 떨어졌대요.

B: 그래요? 유키가 평소보다 밝아 보여서 원하는 대학에 ____________________.
(합격하다)

(3) A: 젠하오 씨, 몸이 안 좋아요?

B: 아니요. 간밤에 잠을 설쳐서 그런지 좀 피곤하네요.

A: 그렇군요. 안색이 안 좋길래 어디 ____________________.
(아프다)

(4) A: 이건 제가 10살 때 친구들과 찍은 사진이에요.

B: 이때는 키가 작았네요. 루이 씨가 워낙 키가 커서 어렸을 때부터 키가 ____________
(크다)
____________________.

2. 알맞은 것을 골라 ◯ 하세요.

(1) A: 우리 점심에 뭘 먹으러 갈까요? 저는 매운 음식은 별로 좋아하지 않는데…….

B: 그래요? 메이닝 씨가 김치를 잘 먹길래 매운 음식을 (좋아하나 봐요, 좋아하나 했어요).

(2) A: 어제 〈꿈〉이라는 영화를 보러 갔는데 영화표가 매진돼서 볼 수 없었어요.

B: 영화표가 매진된 걸 보니까 그 영화가 아주 (재미있나 봐요, 재미있나 했어요).

(3) A: 민수 씨가 여자 친구와 내년에 결혼하기로 했대요.

B: 민수 씨가 아직 미혼이에요? 민수 씨가 반지를 끼고 있어서 이미 결혼을 (했나 봐요, 했나 했어요).

02 -(으)므로

1. 알맞은 것을 찾아 연결하고 문장을 완성하세요.

이유	결과
보기 그는 자상하고 책임감이 강하다	틀림없이 좋은 남편이 될 것이다
(1) 그녀는 평생 남을 위해 살아왔다	① 조금씩 자주 마시는 게 좋다
(2) 물은 신진대사를 활발하게 해 주다	② 많은 사람들의 존경을 받고 있다
(3) 6월 말부터 7월 중순까지는 장마철이다	③ 우산을 반드시 가지고 다녀야 하다

보기 그는 자상하고 책임감이 강하므로 틀림없이 좋은 남편이 될 것이다.

(1) ______________________________.

(2) ______________________________.

(3) ______________________________.

2. 알맞은 것을 골라 문장을 완성하세요.

높다	받다	발생하다

(1) 한국어는 한자의 영향을 많이 ______________ 한국어 어휘 중에는 한자어가 많습니다.

(2) 암은 60세 이상에서 많이 ______________ 60세 이하까지만 보장되는 암 보험은 효용이 떨어진다고 볼 수 있습니다.

(3) 일기예보입니다. 내일은 전국적으로 눈이 많이 오겠습니다. 교통사고가 일어날 가능성이 ______________ 운전하실 때 각별히 주의하시기 바랍니다.

03 만 해도

1. 알맞은 것을 골라 대화를 완성하세요.

영화	식성	단어	직원	숙박비	유학생	전기세

(1) A: 사오리 씨, 한국어는 일본어와 비슷하니까 배우기 쉽지요?

B: 네. ____________ 비슷한 게 많으니까 다른 나라 말보다는 배우기 쉬운 것 같아요.

(2) A: 우리 이번에 여행 가서 이 호텔에서 묵는 게 어떨까?

B: 거기는 특급 호텔이라서 굉장히 비싸다고 들었어. 하루 ____________ 최소 50만 원이래.

(3) A: 올해 회사 송년회에는 직원의 가족들도 초대할 예정이래요.

B: 그래요? ____________ 300명 가까이 되는데 가족들까지 초대한다면 송년회 규모가 상당히 크겠네요.

(4) A: 남편과 저는 서로 어찌나 다른지 비슷한 점이 거의 없어요.

B: 저희도 그래요. ____________ 너무 달라서 남편은 느끼한 음식을 좋아하고 저는 담백한 음식을 좋아하거든요.

(5) A: 물가가 너무 올라서 걱정이에요.

B: 그러게 말이에요. ____________ 작년보다 10%나 올랐더라고요. 올 여름에는 에어컨 사용을 좀 줄여야겠어요.

(6) A: 이 배우가 나온 영화는 다 재미있는 것 같아요.

B: 맞아요. 이 사람이 출연한 영화마다 흥행에 성공했잖아요. 며칠 전에 개봉한 ____________ 관객 수가 100만 명을 넘었대요.

(7) A: 요즘 거리를 걷다 보면 외국인들이 부쩍 많이 보이는 것 같아요.

B: 뉴스에서 보니까 최근 들어 한국에 거주하는 외국인들이 늘어나고 있대요. ____________ 작년에 비해 2배 정도 늘었다고 하더라고요.

말해 봅시다

1. 다음 물음에 답하세요.

(1) 친구가 한국에 처음 왔을 때의 한국어 실력을 추측해서 어떻게 말할까요?

A: 저는 한국어를 3급부터 배우기 시작했으니까 한국에 온 지 반년이 좀 넘었어요.
B: 3급부터 배우기 시작한 걸 보니까 한국에 처음 왔을 때부터 ____________________ ____________________.

① 한국어를 꽤 잘할지도 몰라요

② 한국어를 제법 잘한 모양이에요

③ 한국어를 상당히 잘했나 했어요

(2) 인사말을 오해한 경험을 어떻게 말할까요?

A: 처음에는 한국어를 잘 못해서 한국 사람들의 말을 오해한 적이 많았어요.
B: 저도요. 예전에 저는 "어디에 가요?"가 인사말인 줄 몰랐거든요. 한국 친구가 어디에 가냐고 하길래 ____.

① 내가 어디에 가는지 궁금한가 봐요

② 내가 어디에 가는지 궁금해서 묻나 했어요

③ 내가 어디에 가는지 궁금해하는 줄 몰랐어요

(3) 인사말을 잘 몰라서 실수한 경험을 어떻게 말할까요?

A: "밥 한번 먹어요."도 한국 사람들이 인사로 잘하는 말이잖아요. 저는 그런 줄도 모르고 친구한테 ____.
B: 정말 재미있네요.

① 언제 만나면 좋겠는지 물어보곤 하지요

② "언제 만날래?"라고 물어본 적이 없는데요

③ 언제 만나는 게 좋겠냐고 물어보기도 했어요

2. 다음 대화를 읽고 물음에 답하세요.

사라	젠하오 씨는 한국에 언제 왔어요?
젠하오	작년 이맘때쯤 왔어요. 사라 씨는요?
사라	저는 지난 학기부터 여기에서 한국어를 배우기 시작했으니까 3개월이 좀 넘었어요.
젠하오	4급부터 배우기 시작한 걸 보니까 사라 씨는 한국에 처음 왔을 때부터 한국어를 꽤 잘했나 봐요.
사라	잘하기는요. 저도 처음에는 한국어를 잘 못해서 한국 사람들의 말을 오해한 적이 여러 번 있었어요.
젠하오	저도 그래요. 예전에 저는 '만원 버스'가 무슨 뜻인지 몰랐거든요. 그래서 한국 친구가 만원 버스라고 하길래 요금이 만 원인 버스인가 했어요.
사라	그랬군요. 저는 한국에 온 지 얼마 안 되었을 때 약을 사러 약국에 갔었는데요. 약사가 "어떻게 오셨습니까?"라고 하길래 "걸어서 왔어요."라고 대답한 적이 있어요. 그런데 나중에 알고 보니 그 약사의 말은 ⓐ'____________________'라는 뜻이었더라고요.
젠하오	이야기하다 보니 정말 재미있네요.
사라	그러게 말이에요. 한국어 공부가 때로 힘들기는 하지만 한국어를 안 배웠다면 한국 생활이 심심했을 것 같아요.
젠하오	맞아요. 한국어를 공부한 덕분에 한국 생활을 더 즐겁게 할 수 있게 됐어요. ⓑ<u>한국어를 배우기 참 잘한 것 같아요.</u>

(1) ⓐ에 들어갈 말로 알맞은 것은 무엇입니까?

① 성함이 무엇입니까?　　② 무슨 일로 오셨습니까?

③ 무엇을 하고 있으십니까?

(2) ⓑ의 의미로 알맞은 것은 무엇입니까?

① 한국어를 잘하는 사람이 많아요.　　② 한국어를 열심히 배운 보람이 없어요.

③ 한국어를 배운 것은 잘한 일이라고 생각해요.

(3) 대화의 내용과 같은 것은 무엇입니까?

① 젠하오는 한국에 온 지 반년 정도 되었다.

② 사라는 한국에 처음 왔을 때 한국어를 전혀 못했다.

③ 사라와 젠하오는 한국어를 듣고 오해한 경험이 있다.

읽어 봅시다

다음은 말의 중요성에 대한 칼럼입니다. 읽고 물음에 답하세요.

김명환 사건이 우리에게 준 교훈

이경민(언론인)

최근 유명 개그맨 김명환이 방송에서 한 농담이 여성을 비하하는 말이라며 논란이 되었다. 논란이 커짐에 따라 김명환은 여성을 비하하려는 의도는 전혀 없었다며 경솔한 말로 문제를 일으킨 점에 대해 공개적으로 사과의 말을 전했다. 그럼에도 불구하고 비난이 계속되어 그는 결국 출연하던 프로그램들을 모두 그만두고 은퇴를 선언했다. 그동안 그는 뛰어난 말솜씨로 시청자들에게서 큰 사랑을 받아 왔지만 한 번의 말실수로 모든 것을 잃게 된 것이다.

이 사건을 통해서만 해도 알 수 있듯이 말은 자신이 의도했거나 안 했거나 상관없이 듣는 사람에게 상처를 줄 수 있으며 그로 인해 자기 자신도 상처를 받게 될 수 있다. 이는 말의 의미와 무게가 그것을 말한 사람보다 받아들이는 사람에 의해 결정되기 때문이다. 말은 듣는 이의 생각과 상황에 따라서 자신의 의도와는 전혀 다르게 전달될 수 있는 것이므로 말을 할 때는 신중할 필요가 있다.

한국의 속담 중에는 ⓐ'말이 씨가 된다', ⓑ'말 한마디에 천 냥 빚도 갚는다', ⓒ'낮말은 새가 듣고 밤말은 쥐가 듣는다' 등 말의 중요성을 강조하는 것이 많다. '혀 아래 도끼 들었다'는 속담도 있는데 이는 말을 잘못하면 큰 문제가 생길 수도 있으니 조심하라는 경고의 메시지를 표현한 것이다. 또한 서양의 철학자 플라톤(Platon)은 '마음속으로 생각한 것은 고칠 수 있으나 말을 뱉은 후에는 결코 고칠 수 없다'고 했다. 이처럼 말을 신중하게 해야 한다는 가르침은 동양에서나 서양에서나 다르지 않다.

그러나 오늘날 우리의 모습은 어떠한가. 조심스럽게 말을 하기는커녕 생각나는 대로 함부로 떠들고 있지는 않는가. 또한 인터넷에 들어가면 사람들이 생각 없이 써 놓은 말들에 나도 모르게 눈살을 찌푸리게 되지는 않는가. 개그맨 김명환은 자신이 한 말에 대해 대중에게 사과를 했다. 그러나 그는 대중에게서 용서를 받지 못했다. 경솔하게 말하지 말고 먼저 신중하게 생각하고 말하자. 한 번 쏟은 물을 다시 주워 담을 수 없듯이 한 번 뱉은 말은 결코 주워 담을 수 없는 것이다.

(1) 이 글의 주제로 알맞은 것은 무엇입니까?

① 신중하게 말을 해야 성공한다.

② 말을 할 때는 신중을 기해야 한다.

③ 신중한 사람들은 말실수를 하지 않는다.

(2) 이 글에 나오지 **않은** 내용은 무엇입니까?

① 말에 관련된 속담이나 격언

② 말을 신중하게 하기 위한 방법

③ 말을 경솔하게 해서 문제가 된 사례

(3) ⓐ~ⓒ의 의미를 알맞게 연결하세요.

①	ⓐ	•	•	가볍게 한 말이 실제로 이루어질 수 있다.
②	ⓑ	•	•	비밀스럽게 한 말이라도 다른 사람의 귀에 들어가게 된다.
③	ⓒ	•	•	말만 잘하면 어렵거나 불가능해 보이는 일도 해결할 수 있다.

(4) 글의 내용과 같은 것은 무엇입니까?

① 인터넷에 들어가면 사람들이 함부로 써 놓은 말들을 볼 수 있다.

② 말을 하고 나서도 사과만 잘한다면 어떤 말도 문제가 되지 않는다.

③ 김명환의 말에는 애초부터 여성을 비하하려는 의도가 들어 있었다.

메모

써 봅시다

다음은 제주도 사투리의 특징입니다. 다음을 읽고 사투리를 소개하는 설명문을 완성하세요.

특징 설명	표준어와 매우 다르기 때문에 다른 지역에 사는 사람들은 이해하기 어려움
특징이 나타난 이유	제주도가 육지에서 떨어져 있는 섬이므로 제주도 사투리가 표준어나 다른 지역 사투리의 영향을 적게 받음
예	제주도를 방문한 관광객들이 가장 많이 듣는 말이 "혼저 옵서예."임 대부분의 관광객은 이 말의 의미를 "혼자 오셨어요?"라고 생각함 그러나 '혼저'는 '어서'를, '옵서예'는 '오십시오'라는 의미를 가지고 있음

표준어와 매우 다른 제주도 사투리

한국에는 경상도, 전라도, 충청도, 강원도 사투리 등 여러 지역의 사투리가 존재한다. 그중에서도 제주도 사투리는 한국 사람이라도 처음 들으면 마치 외국어 같다고 느낄 만큼 표준어와 다른 그 지역만의 특징을 가지고 있다.

제주도 사투리는 표준어와 매우 다르기 때문에 다른 지역에 사는 사람들은 그것을 이해하기가 여간 어렵지 않다. ______________________________

____

____

____

____

____

____

앞서 살펴본 바와 같이 제주도 사투리에는 표준어와는 전혀 다른 그 지역만의 고유한 특징이 고스란히 남아 있다. 그러므로 제주도 사투리는 다른 지역에서는 볼 수 없는 제주도만의 소중한 문화유산이라고 할 수 있다.

토의해 봅시다

다음은 바람직한 대화법에 대한 토의의 한 부분입니다. 읽고 물음에 답하세요.

A: 저는 말을 잘하는 것보다 잘 듣는 것이 중요하다고 생각합니다. 대화는 서로 생각을 나누는 과정이기 때문에 상대방이 어떤 생각을 가지고 있는지 알아야 대화를 잘할 수 있기 때문입니다. 다른 사람의 말을 귀 기울여서 듣다 보면 그 사람의 생각이 보이기도 하고 때로는 마음이 느껴지기도 하지요. 경청은 상대방과 마음을 나누는 대화를 하는 데에 가장 중요한 것입니다.

B: 저는 상대방의 ⓐ말을 잘 듣는 것도 중요하지만 말을 잘하는 것 역시 중요하다고 생각합니다. 제 경험상 대화하기가 참 힘들었던 사람들은 자신의 생각을 무조건 강요하거나 상대방의 잘못에 대해 직접적으로 지적하는 사람들이었습니다. 그것은 모두 상대방을 배려하지 않는 대화법이지요. 아무리 좋은 내용의 말이라도 듣는 사람의 기분을 상하게 한다면 더 이상의 대화는 이루어지기가 어렵습니다. 그러므로 같은 내용의 말이라도 상대방을 배려해서 부드럽게 하는 것이 중요하다고 생각합니다.

(1) 밑줄 친 ⓐ와 바꿔 쓸 수 있는 표현은 무엇입니까?

① 말을 잘 듣는 것만큼 말을 잘하는 것도 중요하다.

② 말을 잘 듣는 것보다 말을 잘하는 것이 중요하다.

③ 말을 잘 듣는 것이 말을 잘하는 것에 비해서 중요하다.

(2) A가 주장하고 있는 것은 무엇입니까?

① 말을 잘 못해도 잘 듣기만 하면 대화를 잘할 수 있다.

② 대화를 잘하려면 상대방의 말을 귀 기울여서 들어야 한다.

③ 다른 사람의 말을 경청하면 그 사람과 더욱 가까워질 수 있다.

(3) '나'에 들어갈 말로 B가 생각하는 바람직한 대화법에 해당되는 것은 무엇입니까?

가: 부장님, 이것보다 급한 일들이 많은데 먼저 그 일부터 처리하는 게 낫지 않을까요?
나: ______________________________.

① 무슨 말이 그렇게 많아. 시키면 시키는 대로 해.

② 자네는 그렇게 일 처리가 늦는 게 문제야. 도대체 왜 늘 그 모양인가.

③ 사장님께서 이것부터 해 달라고 부탁하셨으니까 빨리 처리하고 다른 일을 해 주세요.

제 2 과 현대인과 건강

어휘

1. 알맞은 것을 골라 대화를 완성하세요.

도래	열풍	우려	감량	전유물	다반사

(1) A: 얼마 전에 직장을 옮겼다고 들었는데 새 직장은 어때? 일은 할 만해?

B: 말도 마. 일이 너무 많아서 밤늦게까지 야근하는 경우가 ____________(이)야.

(2) A: 의학 기술의 발달로 평균 수명이 점점 길어지고 있대요.

B: 네. 평균 수명 100세 시대의 ____________(으)로 노인들을 위한 산업이 각광을 받고 있대요.

(3) A: 건강을 해치지 않으면서도 체중을 줄일 수 있는 방법은 무엇일까요?

B: 음식을 조절하면서 규칙적으로 운동하는 것이 체중 ____________에 가장 좋은 방법입니다.

(4) A: 요즘 무더위로 인해 전력 사용량이 급증했다면서요?

B: 네. 신문에서 봤는데 앞으로 이런 무더위가 계속된다면 전력 공급이 중단될 ____________이/가 있대요.

(5) A: 요즘 주위에 요가에 관심을 가지고 있는 사람들이 많아졌어요.

B: 맞아요. 얼마 전에 한 연예인이 텔레비전에 나와서 요가로 건강을 되찾았다고 이야기한 후에 요가 ____________이/가 불게 된 것 같아요.

(6) A: 요즘 60대 이상 노인들의 인터넷 사용이 급속도로 늘고 있대.

B: 그래. 이제는 인터넷이 더 이상 젊은 사람들만의 ____________이/가 아닌 것 같아.

2. 알맞은 것을 골라 대화를 완성하세요.

일컫다	거르다	만연하다	치중하다	비롯되다	만끽하다	불러일으키다

(1) A: 요즘 20대 중에 수입에 비해 지출이 더 큰 사람이 많대요.

B: 맞아요. 젊은이들 사이에 자신의 경제 상황을 고려하지 않고 소비하는 풍조가 ________________________.

(2) A: 김미연 선수는 정말 대단하지 않아요? 30대 중반의 나이에 금메달을 따다니.

B: 다 노력의 결과지요. 어제 뉴스에서 봤는데 단 하루도 ________________ 않고 매일 밤늦게까지 훈련했대요.

(3) A: 박 기자, 가을을 맞아 단풍 구경을 떠나는 사람들이 많은데 그곳 설악산은 어떻습니까?

B: 네. 이곳 설악산은 단풍을 ________________ 온 관광객들로 인산인해를 이루고 있습니다.

(4) A: 교수님, 현재 학교 교육의 문제점은 무엇이라고 생각하십니까?

B: 대학 입시를 목표로 성적을 올리는 데에만 ________________ 것이 가장 큰 문제라고 할 수 있습니다.

(5) A: 요즘 성형 중독에 빠진 사람들이 늘고 있다고 하는데 그 원인은 무엇일까요?

B: 이런 현상은 우리 사회에 널리 퍼져 있는 외모 지상주의에서 ________________ 것이라고 봅니다.

(6) A: 영화배우 김인택 씨가 10년 동안 불우 이웃을 돕고 있대요.

B: 네. 김인택 씨의 선행이 많은 사람들의 마음에 감동을 ________________ 그 사람을 따라 기부하는 사람들이 부쩍 늘었대요.

(7) A: 요즘 블로그를 만드는 게 유행인데 블로그는 정확하게 무엇인가요?

B: 블로그란 자신의 관심사에 따라 자유롭게 개인적인 글이나 사진 등을 올릴 수 있는 인터넷 웹 사이트를 ________________ 말입니다.

3. 알맞은 것을 골라 문장을 완성하세요.

병을 고치다　　**자세를 고치다**　　**식습관을 고치다**

(1) 그 의사는 가난해서 의료 혜택을 받을 수 없는 사람들의 ________________ 일에 평생을 바쳤다.

(2) 회의실에 사장님께서 들어오시니까 편하게 앉아서 서로의 의견을 이야기하던 직원들이 모두 ________________ 앉았다.

(3) 성인병을 예방하기 위해서는 기름진 음식을 과다 섭취하는 잘못된 ________________ 비타민이 풍부한 채소와 과일을 많이 먹어야 한다.

4. 알맞은 속담을 골라 대화를 완성하세요.

병 주고 약 준다　　**입에 쓴 약이 병에는 좋다**　　**모르면 약이요 아는 게 병이다**

(1) A: 교통사고 난 거, 민우 씨 부모님도 알고 계세요?

B: ________________________ 크게 다치지도 않았는데 괜히 걱정하실까 봐 말씀 안 드렸어요.

(2) A: 신문 기사 봤어요? 어떤 담배 회사에서 폐암 치료제 개발에 1억을 기부할 거래요.

B: 담배 때문에 폐암에 걸리는 건데 폐암 치료제 개발에 1억을 기부한다고요? ________________________ 셈이네요.

(3) A: 회사에서 인간관계가 힘들어서 사라에게 고민을 이야기했더니 위로해 주기는커녕 내 단점을 하나하나 지적하는 거 있지?

B: 기분 나쁘게만 생각하지 말고 사라의 말을 다시 생각해 봐. ________________________ 하잖아.

준비합시다

01 -기(가) 일쑤이다

1. 알맞은 것을 골라 대화를 완성하세요.

거르다	다투다	지각하다	잊어버리다

(1) A: 요즘 피곤해서 그런지 아침에 일어나기 힘들어서 큰일이에요.

B: 저도 그래요. 아침마다 늦게 일어나서 학교에 ____________________.

(2) A: 요즘 많이 바쁘다면서요? 식사는 제때 하세요?

B: 말도 마세요. 요즘 눈코 뜰 새 없이 바빠서 식사를 ____________________.

(3) A: 창민 씨는 결혼기념일에 잊지 않고 아내에게 선물을 주나요?

B: 아니요. 해마다 결혼기념일을 ____________________ 아내에게 잔소리를 듣곤 해요.

(4) A: 지은 씨는 동생과 사이가 참 좋아 보여요. 어렸을 때부터 그랬어요?

B: 아니에요. 나이 차이가 한 살밖에 안 나서 어렸을 때는 작은 일로 ____________________.

2. 알맞은 것을 골라 문장을 완성하세요.

헤매다	걸리다	넘어지다

(1) 이 동네는 골목이 복잡해서 처음 온 사람들은 길을 ____________________.

(2) 눈이 내리는 날에는 길이 미끄러워서 조심하지 않으면 ____________________.

(3) 나는 어렸을 때 환절기만 되면 감기에 ____________________ 어머니가 걱정을 많이 하셨다.

02 -지

1. 알맞은 것을 찾아 연결하고 문장을 완성하세요.

인정하는 것		인정하지 않는 것
보기 그는 말투가 직선적이다 •	——	• 성격이 나쁘다
(1) 그 아파트는 가격만 저렴하다 •		• ① 노래를 잘 부르다
(2) 나는 그 사람의 이름만 알 뿐이다 •		• ② 주변 환경이 좋다
(3) 루이는 노래를 듣는 것을 좋아하다 •		• ③ 그 사람과 친하다

보기 그는 말투가 직선적이지 성격이 나쁘지는 않다.

(1) ______________________________.

(2) ______________________________.

(3) ______________________________.

2. 알맞은 것을 골라 대화를 완성하세요.

강조하다	추구하다	처리하다

(1) A: 박 대리는 일을 정말 잘하는 것 같아. 그 많은 일을 하루 만에 끝냈대.

B: 글쎄. 일을 빨리 ______________ 잘하는 것은 아니야. 실수도 얼마나 많이 하는데.

(2) A: 어제 다녀온 투자 설명회는 어땠어요?

B: 그저 그랬어요. 설명회에서 투자의 중요성만 ______________ 투자를 어떻게 해야 하는지에 대해서는 별로 설명하지 않았어요.

(3) A: 어제 이 회사 식품에 문제가 있다는 뉴스를 봤어요.

B: 아이들도 먹는 식품에 이런 문제가 있다니 정말 화가 나네요. 이 회사는 이익만 ______________ 소비자의 건강은 전혀 고려하지 않는 것 같아요.

03 -든지 -든지

1. 알맞은 것을 골라 대화를 완성하세요.

찬성하다 / 반대하다　　교환하다 / 환불하다　　그만두다 / 옮기다

(1) A: 친구에게 선물할 건데요. 친구가 이걸 마음에 안 들어 하면 어떻게 하지요?

B: 그러시면 나중에 가져오셔서 ____________________ 하세요.

(2) A: 수연 씨, 요즘 회사 일이 너무 많아서 매일 야근한다면서요?

B: 네. 아이 얼굴 볼 시간도 없어서 회사를 ____________________ 해야겠어요.

(3) A: 직원들이 싫어하는데 어떻게 업무 시간을 연장할 수 있지?

B: 요즘 회사 사정이 좋지 않아서 직원들이 ____________________ 상관없이 업무 시간을 연장할 수밖에 없었대.

2. 알맞은 것을 골라 문장을 완성하세요.

아들 / 딸　　국내 / 해외　　버스 / 택시

(1) 제시간에 공항에 도착할 수만 있다면 ____________________ 아무거나 다 괜찮다.

(2) 요즘 한국의 부모들은 대부분 아이의 성별이 ____________________ 상관없다고 생각한다.

(3) 이 신용 카드는 ____________________ 어디에서나 사용할 수 있어서 해외여행이나 출장을 자주 가는 사람들에게 유용하다.

말해 봅시다

1. 다음 물음에 답하세요.

(1) 친구의 잘못된 습관을 어떻게 말할까요?

A: 사오리 씨는 어쩌다가 비만이 되었대요?
B: ______________________________.

① 패스트푸드를 자주 먹으면 비만이 되기 마련이지요
② 그렇게 패스트푸드를 많이 먹으면 비만이 될 거예요
③ 시간이 없어서 패스트푸드로 끼니를 때우는 게 다반사였대요

(2) 잡지에서 본 비만의 원인을 어떻게 말할까요?

A: 나 요즘 기름진 음식을 많이 먹어서 그런지 살이 많이 찐 것 같아.
B: 너 그러다가 비만이 되면 어쩌려고 그래? 얼마 전에 잡지에서 봤는데
______________________________.

① 요즘 비만 때문에 고민하는 사람들이 여간 많지 않대
② 고칼로리 음식을 많이 먹는 것으로 인해 비만이 되는 거래
③ 비만은 고혈압이나 당뇨병 같은 성인병의 원인이 될 수 있대

(3) 잘못된 습관을 고치기 어렵다는 것을 어떻게 말할까요?

A: 그렇게 패스트푸드를 많이 먹으면 건강에 아주 해로워요.
B: ______________________________.

① 패스트푸드를 먹지 말아야지 말아야지 하는데도 뜻대로 안 돼
② 패스트푸드를 이렇게 많이 먹는 한 살이 빠지기는 어려울 것 같아
③ 패스트푸드를 많이 먹는다고 해서 반드시 건강이 나빠지지는 않아

2. 다음 대화를 읽고 물음에 답하세요.

사오리 요즘 내 친구가 소음성 난청 때문에 엄청 고생하더라. 약도 먹고 병원에도 다니는데 잘 낫지 않는 모양이야.

루이 그래? 어쩌다가 소음성 난청이 생겼대?

사오리 그 친구는 음악을 들을 때마다 귀에 이어폰을 꽂고 큰 소리로 듣기 일쑤였거든. 매번 그렇게 음악을 듣더니 어느 날 갑자기 귀가 잘 안 들리기 시작했대.

루이 정말? 나도 지하철에서 이어폰 꽂고 볼륨을 높여서 들을 때가 많은데…….

사오리 너 그러다가 소음성 난청이 생기면 어쩌려고 그래? 얼마 전에 잡지에서 봤는데 소음성 난청은 시끄러운 소리에 장시간 노출되는 것에서 비롯되는 거래. 이어폰을 꽂고 큰 소리로 음악을 듣는 것도 주요 원인이 된대.

루이 나도 알지. 그래서 음악 들을 때마다 볼륨을 좀 줄인다 줄인다 하면서도 생각처럼 잘 안 돼. 습관이 돼서 그런지 나도 모르게 큰 소리로 음악을 듣게 돼.

사오리 나도 예전에는 잘 몰랐는데 친구가 막상 소음성 난청으로 고생하는 걸 보니까 소음성 난청이 우습게 여길 병은 아닌 것 같아. 너도 병을 키우지 말고 하루빨리 안 좋은 습관은 고치도록 해.

루이 그래. 오늘부터라도 신경을 써야겠다. 이어폰으로 음악을 들을 때는 되도록 볼륨을 낮춰서 음악을 들어야겠어. ⓐ＿＿＿＿＿＿＿＿.

(1) ⓐ에 들어갈 말로 알맞지 **않은** 것은 무엇입니까?

① 건강은 건강할 때 지켜야 하니까 ② 건강을 잃으면 다 잃는 거라고들 하니까

③ 건강에 지나치게 신경 쓰면 오히려 건강을 해칠 수도 있으니까

(2) 소음성 난청을 일으키는 원인이 **아닌** 것은 무엇입니까?

① 시끄러운 소리에 장시간 노출되는 것 ② 이어폰을 꽂고 큰 소리로 음악을 듣는 것

③ 볼륨을 최대한 낮게 해서 음악을 듣는 것

(3) 대화의 내용과 같은 것은 무엇입니까?

① 사오리는 요즘 소음성 난청 때문에 고생하고 있다.

② 루이는 지하철에서 자주 이어폰으로 음악을 듣는다.

③ 루이는 자신의 잘못된 습관을 알고 있지만 고칠 생각이 없다.

읽어 봅시다

다음은 건강에 대한 신문 기사문입니다. 읽고 물음에 답하세요.

[이화일보 2012. 6. 12]

ⓐ ______________________________

나이보다 어려 보이는 동안 피부를 만드는 비법은 무엇일까? 그것은 고가의 유명 화장품을 바르거나 피부과에서 시술을 받는 것이 아니라, 바로 하루에 8잔 이상의 물을 마시고 7시간 이상의 충분한 수면을 취하는 것이다.

최근 피부가 좋기로 소문난 연예인들의 '피부 나이'가 공개되어 그들의 동안 피부와 피부 관리법이 화제가 되고 있다. 연예계 피부 미인으로 알려진 배우 이현지 씨의 실제 나이는 올해 40세이나 그녀의 피부 나이는 20대 초반이라고 한다. 한 인터뷰에서 이현지 씨는 나이가 들어서도 젊었을 때와 같은 동안 피부를 유지할 수 있는 비법을 묻는 질문에 "그냥 물을 많이 마실 뿐이지 특별한 비법은 없어요."라고 답했다. 이처럼 피부 노화를 방지하기 위해서는 피부가 건조해지지 않도록 충분한 수분을 공급해 주어야 한다. 우리 생활 속에서 피부에 수분을 공급해 줄 수 있는 가장 손쉬우면서도 효과적인 방법은 하루에 8잔 이상의 물을 마시는 것이다. 이렇게 충분한 양의 물을 매일 섭취하면 피부 에 부족한 수분을 보충해 줘서 촉촉한 피부를 만들 수 있으며 체내에 쌓여 있는 노폐물을 배출하는 데에도 도움이 된다.

또한 하루 7시간 이상의 충분한 수면은 피부 건강에 필수적인 요소 중의 하나이다. 우리가 잠을 자는 동안 몸에 쌓인 피로 물질이 제거되고 피부 세포들이 재생되기 때문이다. 피부과 전문의 김민호 박사는 동안 피부는 건강한 생활 습관에서 시작된다고 강조하면서 "어린 아이와 같이 맑고 깨끗한 피부를 만들기 위해서는 밤에 7시간 이상 숙면을 취하는 것이 무엇보다 중요합니다."라고 말했다. 따라서 '잠이 보약'이라는 말처럼 잠은 피부에게 보약과 같은 것이므로 건강한 동안 피부를 만들려면 충분한 수면을 취해야 한다.

모든 여성은 나이가 많든지 적든지 상관없이 동안 피부를 꿈꾸지만 나이가 들면서 피부가 노화되는 것은 피할 수 없는 현실이다. 그렇지만 우리가 일상생활 속에서 충분한 양의 수분을 섭취하고 하루 7시간 이상 숙면을 취하면 누구나 피부 노화의 속도를 늦춰서 동안 피부를 가질 수 있을 것이다.

김이화 기자 (ihkim@ewhailbo.co.kr)

(1) ⓐ에 맞는 제목은 무엇입니까?

① 동안 피부, 작은 생활 습관에서부터

② 채소와 과일 섭취로 동안 피부 만들기

③ 20대로 보이게 해 주는 동안 피부 화장법

(2) 충분한 수분 섭취로 얻을 수 있는 효과가 <u>아닌</u> 것은 무엇입니까?

① 노폐물을 몸 밖으로 내보내는 데에 도움을 준다.

② 밤에 7시간 이상의 충분한 수면을 취할 수 있도록 도와준다.

③ 피부에 부족한 수분을 보충해 줘서 피부를 촉촉하게 해 준다.

(3) 글의 내용과 같은 것은 무엇입니까?

① 맑고 깨끗한 피부를 만드는 데에는 비타민 섭취가 가장 중요하다.

② 노화는 자연스러운 현상이므로 피부 노화 속도를 늦추기는 어렵다.

③ 잠을 자는 동안 피부 재생이 일어나므로 충분한 수면은 피부 건강에 필수적이다.

(4) 다음 두 사람이 추천한 동안 피부를 만드는 방법을 글에서 찾아 쓰세요.

배우 이현지	
피부과 전문의 김민호	

메모

써 봅시다

다음은 식생활을 바꾸기 전과 후의 상태입니다. 다음을 읽고 건강하게 사는 비결에 대한 연설문을 완성하세요.

식생활 변화 전	식생활 변화 후
· 변비가 심했다	· 변비가 사라졌다
· 복부 비만이 심각해서 성인병에 걸릴 위험이 높았다	· 채식 위주로 식사한 지 6주 만에 체중 7kg 감량에 성공하고 복부의 살도 빠졌다
· 혈압이 정상보다 높았다	· 혈압이 정상으로 돌아왔다
· 여드름이 많이 났다	· 여드름이 더 이상 나지 않는다

건강하게 사는 비결, 채식 위주의 식사

안녕하십니까? 저는 작은 회사에 다니는 평범한 회사원 박지은이라고 합니다. 여러분은 어떻게 하면 건강하게 살 수 있다고 생각하십니까? 지금부터 여러분께 저만의 건강하게 사는 비결을 말씀드리도록 하겠습니다.

여러분은 고기를 얼마나 자주 드십니까? 저는 업무 특성상 회식을 일주일에 두세 번 정도 하는데 회식에서 먹는 메뉴는 보통 삼겹살이나 불고기 같은 고기 요리가 대부분입니다. 이런 잦은 회식으로 인해 저는 고기 위주의 식생활을 하게 되었습니다. 그러던 어느 날 병원에서 혈압이 정상보다 높고 심각한 복부 비만으로 성인병에 걸릴 위험이 높다는 진단을 받게 되었습니다. 이 일을 계기로 저는 식사를 채식 위주로 바꾸게 되었습니다.

____

____

____

____

저는 건강하게 살기 위해서 무엇보다 고기 섭취를 줄이고 채식 위주로 식사를 하는 것이 중요하다고 생각합니다. 고기를 적게 먹고 채식 위주로 식사를 하면 영양 불균형으로 인해 건강을 해친다고 생각하시는 분들도 있겠지만 결코 그렇지 않습니다. 여러분도 채식 위주의 식사로 몸의 변화를 직접 느껴 보십시오. 지금까지 제가 생각하는 건강하게 사는 비결에 대해 말씀드렸습니다. 경청해 주셔서 감사합니다.

토론해 봅시다

다음은 외모와 행복의 관계에 대한 토론의 한 부분입니다. 읽고 물음에 답하세요.

A: 저는 ⓐ ______________________ 생각합니다. 한 조사에서 면접관의 70%가 실력 못지않게 외모도 인재를 선택하는 중요한 기준이 된다고 답했는데요. 이처럼 외적으로 호감을 주는 사람은 그렇지 못한 사람에 비해 더 많은 기회를 얻어 행복에 더 쉽게 다가갈 수 있습니다.

B: 저는 그 의견에 동의하지 않습니다. 외모가 뛰어나지 않아도 실력을 갖추고 있다면 성공할 수 있고 그에 따른 행복을 만끽할 수 있습니다. 또한 진정한 행복은 아름다운 외모가 아닌 건강한 마음가짐에서 비롯되는 것입니다. 외모가 완벽한 사람도 불행할 수 있으며 외모가 부족한 사람도 행복할 수 있기 때문입니다.

A: 그렇지만 외모가 아름답지 않아서 건강한 자아상을 갖지 못해 불행하다고 느끼는 사람도 있습니다. 그래서 외모에 자신이 없어서 콤플렉스를 가지고 있었던 사람들이 외모의 변화를 통해 자신감을 되찾기도 합니다.

(1) ⓐ에 들어갈 수 있는 것은 무엇입니까?

① 행복은 외모에 비례한다고

② 외모는 행복의 척도가 아니라고

③ 행복은 외모에 비례하지 않는다고

(2) B가 말하려고 하는 것은 무엇입니까?

① 아름다운 외모가 삶의 행복을 보장해 주지 않는다.

② 아름다운 외모와 인생의 행복은 불가분의 관계이다.

③ 호감을 주는 외모를 가진 사람들이 더 쉽게 행복을 얻는다.

(3) 두 사람은 자신의 의견을 어떻게 제시하고 있습니까?

① A는 상대방에게 보충 설명을 요청하고 있다.

② A는 조사 결과를 근거로 자신의 의견을 제시하고 있다.

③ B는 A의 의견에 동의하면서 자신의 의견을 덧붙여 말하고 있다.

제 3 과 역사와 인물

어휘

1. 알맞은 것을 골라 대화를 완성하세요.

성장	업적	원리	원형	위기	흔적

(1) A: 문화재를 복원할 때 가장 중요한 것은 무엇일까요?

B: 옛날 자료를 최대한 수집해 ______________ 그대로 복원하는 게 가장 중요하지 않을까요?

(2) A: 세종대왕은 언어에 과학, 음악까지 정말 못하는 게 없는 분이셨던 것 같아요.

B: 그렇지요. 정말 대단한 분이시지요. 뭐니 뭐니 해도 세종대왕의 가장 큰 ______________은/는 한글 창제인 것 같아요.

(3) A: 지난주에 일어난 도난 사건은 잘 해결됐나?

B: 아직 해결되지 않았습니다. 도둑맞은 집을 아무리 수사해도 침입자의 ______________을/를 전혀 찾을 수 없어서 시간이 좀 걸릴 것 같습니다.

(4) A: 방학을 맞이해서 아이들이 읽을 만한 책을 좀 소개해 주시겠습니까?

B: 네. 『수학의 숨은 재미』라는 책이 얼마 전에 출간되었는데요. 수학의 ______________을/를 쉽게 이해할 수 있도록 만화로 구성되어 있어서 추천해 드리고 싶습니다.

(5) A: 이 사진을 보니까 메이닝 씨가 초등학교 때는 눈에 띄게 키가 컸네요.

B: 네. 그때는 반에서 제일 컸어요. 그런데 중학교 2학년 때 ______________이/가 멈췄어요. 그래서 동창회에 가면 친구들이 저를 보고 많이 놀라요.

(6) A: 경기가 안 좋아지니 중소기업들이 줄줄이 문을 닫는다는 뉴스를 매일 듣게 돼요.

B: 맞아요. 회사가 갑자기 문을 닫게 되면 그만큼 실직자들도 늘어나게 되지요. 지금 우리나라 경제가 최대의 ______________을/를 맞고 있는 것 같아요.

2. 알맞은 것을 골라 대화를 완성하세요.

베풀다　거듭하다　급속하다　등재되다　몰두하다　열악하다　훼손되다

(1) A: 얼마 전에 태풍 때문에 자동차 유리창이 깨졌는데요. 보험 처리가 되나요?

B: 네. 자연재해로 인해 자동차가 ________ 경우에는 보험 처리가 가능합니다.

(2) A: 김 교수님이 며칠째 안 보이시네요. 휴가라도 가신 모양이지요?

B: 휴가는요. 밤낮없이 연구에만 ________ 계세요. 저러다 쓰러지실까 봐 걱정이에요.

(3) A: 우리 회사는 길가에 있어서 얼마나 시끄러운지 몰라. 게다가 여름에 덥기는 왜 그렇게 더운지.

B: 배부른 소리 하지 마. 난 아무리 ________ 환경이라도 좋으니까 취직만 되면 좋겠다.

(4) A: 안동 하회 마을은 어떤 곳이에요?

B: 하회 마을은 2010년 7월에 '유네스코 세계 문화유산'에 ________ 곳으로 아름다운 한국의 전통적인 주거 문화를 볼 수 있어요.

(5) A: 어제 신문을 보니까 부작용이 거의 없는 비만 치료제가 개발됐대요.

B: 저도 봤어요. 국내 최고의 연구진이 8년간 실험을 ________ 끝에 개발에 성공했다고 하더라고요.

(6) A: 요즘 허리 디스크 때문에 병원을 찾는 환자들이 늘고 있다면서요?

B: 그렇습니다. 하루 종일 책상 앞에서 좋지 않은 자세로 업무를 보는 직장인들 사이에서 허리 디스크 환자가 ________ 증가하고 있습니다.

(7) A: 유키야, 일본에 돌아가서도 자주 연락하고 한국에 오면 꼭 하숙집에 놀러 와야 해.

B: 네. 아주머니께서 저에게 ________ 은혜를 평생 잊을 수 없을 거예요. 덕분에 별 탈 없이 유학 생활을 할 수 있었어요. 정말 감사드립니다.

3. 알맞은 것을 골라 문장을 완성하세요.

대책을 세우다　　학교를 세우다　　신기록을 세우다

(1) 수영 선수 김은태는 이번 올림픽의 목표가 세계 ________________ 것이라고 말했다.

(2) 정부에서는 가뭄으로 인한 농작물 피해를 막기 위해 회의를 열어 ________________ 했다.

(3) 1886년에 선교사 메리 스크랜튼(Mary F. Scranton) 여사는 한국 최초로 여성을 위한 ________________ 전문적인 지식을 갖춘 여성 인재들을 배출했다.

4. 알맞은 속담을 골라 대화를 완성하세요.

공든 탑이 무너지랴　　벼는 익을수록 고개를 숙인다　　될성부른 나무는 떡잎부터 알아본다

(1) A: 내일 통역사 자격증 시험을 보러 가는데 너무 긴장돼. 떨어지면 어떻게 하지?

B: 3년 동안 열심히 공부했는데 ________________? 너무 걱정 마.

(2) A: 인사과 김 대리가 머리도 좋고 일도 잘하기는 하지만 너무 잘난 척을 하는 것 같아요. 그것만 아니면 배울 게 참 많은 사람인데 말이지요.

B: 맞아요. ________________ 조금만 겸손해지면 좋겠어요.

(3) A: 어제 TV에 세계적인 발레리나 윤선아가 나왔는데 어렸을 때부터 참가한 대회마다 1등을 휩쓸었다고 하더라고요.

B: 저도 봤어요. ________________ 어떤 분야에서 성공한 사람들은 어릴 때부터 남다른 것 같아요.

준비합시다

01 -기(가) 이를 데 없다

1. 알맞은 것을 골라 문장을 완성하세요.

답답하다	복잡하다	평범하다	사랑스럽다

(1) 명절에는 고향에 가는 사람들로 고속 도로가 ________________.

(2) 이제 막 말을 하기 시작한 두 살짜리 막내딸이 ________________.

(3) 영화배우 김희영은 외모는 ________________ 뛰어난 연기력으로 많은 사랑을 받고 있다.

(4) 한국에 처음 왔을 때 한국어를 거의 못했다. 한국 사람들과 말이 잘 통하지 않아서 ________________.

2. 알맞은 것을 골라 대화를 완성하세요.

안타깝다	뻔뻔하다	무책임하다

(1) A: 정우 씨가 지난번에 빌려 간 돈도 안 갚았으면서 이번에 또 돈을 빌려 달라는 거 있지요?

B: 뭐라고요? 그 사람 그렇게 안 봤는데 ________________.

(2) A: 요즘 애완견을 키우다가 버리는 사람들이 많대요.

B: 그런 ________________ 사람들은 아예 애완동물을 키우지 않았으면 좋겠어요.

(3) A: 어제 뉴스를 보니까 요즘 형편이 어려운 사람들이 정말 많더라.

B: 그러게. 나도 지난주에 TV에서 한 소녀 가장의 이야기를 다룬 방송을 봤는데 ________________.

02 -(으)랴 -(으)랴

1. 알맞은 것을 골라 글을 완성하세요.

돌보다　　　보내다　　　처리하다

은정 씨는 어제 눈코 뜰 새 없이 바빴다. 근무 시간에 전화받으랴 거래처에 이메일을 (1) ________________ 커피 한 잔 마실 시간도 없었다. 저녁에도 퇴근하지 못하고 회사에서 남은 업무를 (2) ________________ 회의 자료를 준비하랴 정신이 없었다. 또 집에 와서는 아이들을 (3) ________________ 밀린 집안일을 하랴 너무 바빠서 제대로 쉴 수도 없었다.

2. 알맞은 것을 골라 대화를 완성하세요.

드라마를 찍다　　예식장을 알아보다　　콘서트를 준비하다　　자격증을 따다　　외국어를 배우다　　거래처를 방문하다　　혼수를 장만하다　　행사에 참여하다

보기 A: 결혼 준비는 잘돼 가요?

B: 예식장을 알아보랴 혼수를 장만하랴 너무 바빠요.

(1) A: 출장은 잘 다녀왔어요? 간 김에 구경도 좀 했어요?

B: 말도 마세요. ________________ 바빠서 여행할 시간이 없었어요.

(2) A: 요즘 연기 활동과 가수 활동을 같이 하셔서 많이 바쁘시지요?

B: 네. ________________ 너무 바빠서 하루에 두 시간밖에 못 자지만 팬들의 사랑 덕분에 힘이 납니다.

(3) A: 요즘 대학생들은 ________________ 대학 생활을 즐길 틈이 없다고 하지?

B: 그렇대. 내 사촌 동생만 해도 이제 겨우 1학년인데 굉장히 바쁘게 지내더라고.

03 -(으)ㅁ으로써

1. 알맞은 것을 찾아 연결하고 문장을 완성하세요.

방법	효과
보기 마음을 터놓고 이야기하다	서로의 오해를 풀다
(1) 게임 이용 시간을 제한하다	① 실업률을 낮추다
(2) 건강 검진을 받다	② 질병을 초기에 발견하고 치료하다
(3) 일자리를 늘리다	③ 청소년들을 게임 중독으로부터 보호하다

보기 마음을 터놓고 이야기함으로써 서로의 오해를 풀 수 있다.

(1) ____.

(2) ____.

(3) ____.

2. 알맞은 것을 골라 대화를 완성하세요.

돈 **눈물** **쇼핑**

(1) A: 요즘 여성들은 스트레스를 어떻게 풀고 있습니까?

B: 한 설문 조사에 따르면 여성의 37%가 ______________ 스트레스를 해소한다고 합니다.

(2) A: 젠하오 씨가 좋아하는 여자에게 값비싼 선물도 주고 고급 레스토랑에도 데려갔지만 그 여자는 마음을 열지 않았대요.

B: 역시 사람의 마음은 ______________ 얻을 수 없나 봐요.

(3) A: 폭행 사건에 휘말린 가수 박철호 씨가 어제 기자 회견을 열어 자신의 입장을 밝혔다면서요?

B: 네. 많은 기자들 앞에서 자신은 잘못이 없으니 믿어 달라며 ______________ 억울함을 주장했습니다.

말해 봅시다

1. 다음 물음에 답하세요.

(1) 발표를 시작하려고 할 때 어떻게 말할까요?

안녕하세요? 여러분은 서울에 대해서 잘 알고 계십니까? 서울에는 역사적인 장소들이 많습니다. 그중에서 오늘은 ______________________________.

① 종묘에 대한 질문이 있으시면 해 주시기 바랍니다

② 종묘의 역사적인 가치와 특징에 대해서 말씀드리고자 합니다

③ 종묘에 대한 역사적인 자료들을 모아 조사해 보도록 하겠습니다

(2) 종묘의 역사적인 가치를 어떻게 말할까요? 알맞지 <u>**않은**</u> 것은 무엇입니까?

종묘는 1995년 유네스코 세계 문화유산으로 등재되었으며 ______________________________.

① 조선 왕실의 제사를 지내던 곳으로 추정됩니다

② 조선 왕실의 제사를 지내던 곳이어서 역사적인 가치가 있습니다

③ 조선 왕실의 제사를 지내던 곳이라는 점에서 역사적으로 매우 중요하게 평가됩니다

(3) 발표를 마무리할 때 어떻게 말할까요?

여러분도 직접 가서 보시면 종묘의 매력에 흠뻑 빠지실 겁니다. ______________________________.

① 이어서 종묘의 역사적 의의에 대해 살펴보겠습니다

② 이상으로 종묘에 대한 발표를 마치도록 하겠습니다

③ 보시는 바와 같이 종묘는 건축 양식이 매우 독특합니다

2. 다음을 읽고 물음에 답하세요.

> **사라** 여러분은 서울에 대해서 잘 알고 있습니까? 조선 시대부터 현재까지 수도의 자리를 지키고 있는 서울은 도시 곳곳에 역사적인 장소들이 많이 있습니다. 그중에서 저는 경복궁의 역사적인 가치와 특징에 대해서 말씀드리고자 합니다.
>
> 경복궁은 조선 시대에 만들어진 다섯 개의 궁궐 중 첫 번째로 만들어진 곳으로, 1395년에 완공되었습니다. 경복궁은 서울에 있는 여러 궁들 중에서 최대의 규모를 자랑합니다. 앞서 말씀드린 대로 경복궁은 조선 시대에 가장 먼저 세워진 궁이라는 점에서 역사적인 의의가 있습니다. 비록 경복궁 안에 있던 건물 대부분이 불에 타 없어지기는 했지만, 주요 건물들은 남아 있어서 조선 시대 궁의 모습을 보여 주는 중요한 유적지입니다.
>
> 보시는 바와 같이 경복궁은 건축물과 자연이 조화를 이루어 아름답기가 이를 데 없는데요. 특히 경복궁과 그 뒤로 시원하게 펼쳐지는 북악산은 ⓐ________________ 경치가 매우 수려합니다.
>
> 서울의 중심에 위치하면서 그 옛날 조선을 대표하는 궁궐인 경복궁을 방문해서 과거로의 여행을 떠나 보면 어떨까요? 아무쪼록 그곳에서 여러분만의 소중한 추억을 만드시기를 바랍니다.

(1) ⓐ에 들어갈 말로 알맞지 **않은** 것은 무엇입니까?

① 눈을 뗄 수 없을 만큼

② 얼굴을 들 수 없을 만큼

③ 감탄사가 절로 나올 만큼

(2) 경복궁에 대한 설명으로 알맞은 것은 무엇입니까?

① 조선 시대에 세워진 최초의 궁궐이다.

② 현존하는 궁궐 중 규모가 작은 편에 속한다.

③ 현재 남아 있는 궁궐 중 가장 보존 상태가 좋고 비교적 원형 그대로 남아 있다.

(3) 발표자가 경복궁이 아름답다고 말한 이유는 무엇입니까?

읽어 봅시다

다음은 여행지를 소개하는 투고문입니다. 읽고 물음에 답하세요.

바쁜 일상을 벗어나 나를 돌아보는 여행

A 발걸음을 옮겨 도착한 곳은 바로 경포대였다. 경포대는 1326년에 지어졌는데 1508년에 지금의 자리로 옮겨 다시 지어졌다고 한다. 경포대는 사방을 바라볼 수 있게 높이 지은 누각으로 그 위에서 바라본 경치는 한 폭의 그림처럼 아름다웠다. 특히 거울처럼 맑은 호수와 그 주위의 오래된 소나무 숲이 아름다운 조화를 이루고 있어 매우 인상적이었다. 예로부터 많은 시인들이 그곳에서 아름다운 시를 지었다고 한다.

B 해 질 무렵, 경포대를 떠나 저녁을 간단히 먹고 서울행 버스에 몸을 실었다. 혼자 떠나는 여행의 부담과 걱정은 여행하는 동안 가슴 벅참과 즐거움으로 바뀌어 오히려 여행을 안 왔으면 후회를 할 뻔했다. 이번 여행을 통해 신사임당과 이율곡, 그 시대 시인들이 되어 그 당시 사회를 잠시 느껴 볼 수 있어서 정말 좋은 시간이었다. 또한 요즘 바쁘게 지냈던 나의 일상에 잠시 걸음을 멈추고 나를 돌아볼 수 있는 시간이었다. 이번 기회를 통해 한국의 아름다움을 느낄 수 있는 곳으로 자주 여행을 가야겠다는 생각을 하게 되었다.

C 강릉으로 여행을 떠나기 전, 걱정이 앞서 여행 계획을 취소할까 많이 망설였다. 같이 가기로 했던 친구가 사정상 못 가게 되어 혼자 가야 했기에 조금 두려웠기 때문이다. 그렇지만 시험 공부하랴 졸업 준비하랴 많이 지친 나에게 주는 선물로 생각하고 혼자 떠나기로 했다. 대학 생활 4년 동안 제대로 여행 한 번 못 가 본 나는 기대 반 걱정 반으로 새벽 5시에 여행길에 올랐다.

D 강릉행 시외버스를 타고 처음 도착한 곳은 오죽헌이었다. 오죽헌은 조선 시대의 유학자인 이율곡과 그의 어머니 신사임당이 살았던 곳이다. 오죽헌이라는 이름은 집 주위에 까마귀처럼 검은 대나무가 많아서 붙여졌다고 한다. 신사임당은 아들을 훌륭한 유학자로 키운 현명한 어머니이면서 뛰어난 작품을 그린 화가이기도 하다. 신사임당과 이율곡은 오늘날 각각 오만 원권과 오천 원권의 인물로 선정될 만큼 높이 평가되고 있다. 어머니와 아들이 나란히 화폐의 인물로 선정된 것은 세계적으로도 유례가 없는 일이라고 한다.

(1) 이 글의 서술 방식으로 맞는 것은 무엇입니까?

① 여행하면서 보고 느낀 것을 기록하고 있다.

② 강릉 주변의 명소를 역사적인 사실을 통해 홍보하고 있다.

③ 관광객을 위해 필요한 전문적인 정보와 지식을 안내하고 있다.

(2) 경포대에 대한 설명으로 알맞은 것은 무엇입니까?

① 경포대는 1326년에 지금 자리에 지어졌다.

② 경포대는 강릉에 있는 거울처럼 맑은 호수를 말한다.

③ 경포대는 주변의 소나무 숲과 호수가 이루는 조화가 인상적이다.

(3) 글의 내용과 **다른** 것은 무엇입니까?

① 오천 원권에 그려진 이율곡은 조선 시대의 유학자이다.

② 오죽헌은 그림에 뛰어난 재능이 있는 신사임당이 살았던 곳이다.

③ 집 주변에 까마귀가 많다고 해서 오죽헌이라는 이름을 얻게 되었다.

(4) 글의 내용에 맞는 순서는 무엇입니까?

① [B] – [A] – [D] – [C]

② [C] – [D] – [A] – [B]

③ [D] – [B] – [C] – [A]

메모

써 봅시다

다음은 고려청자의 가치에 대한 설명입니다. 다음을 읽고 홍보하는 글을 완성하세요.

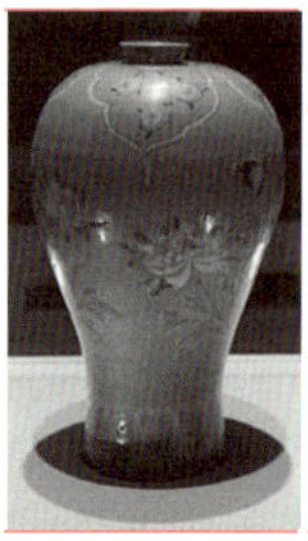

고려청자의 가치	
상감 기법의 우수성	· 다른 나라에서 상감 기법은 금속 공예에 사용되던 방법이었음 · 고려 시대 때 세계 최초로 상감 기법이라는 독창적인 장식 방법이 도자기에 응용되었음
비색의 아름다움	· 가을 하늘보다 맑고 투명한 비색은 세계 최고의 아름다움을 자랑함

강진청자박물관은 오는 7월 28일부터 8월 5일까지 '천년의 신비를 찾아 떠나는 여행'이라는 주제로 특별 전시회를 개최한다. 이번 전시회에서는 세계 여러 나라로 흩어졌던 국보 · 보물급 고려청자 52점을 한데 모아 고려청자의 우수성을 알릴 예정이다. 특히 이번 전시회에서는 상감 기법을 독창적으로 도자기에 응용하여 장식한 고려 시대의 상감 청자를 볼 수 있다.

고려의 공예 중에서 무엇보다도 유명한 것이 고려청자이다. 고려에서는 자기를 처음에는 무늬 없이 만들다가 12세기 중엽부터는 상감 기법을 이용한 상감 청자를 많이 만들었다. 고려청자 중 세계적으로 우수성을 인정받은 상감 청자는 상감 기법으로 문양을 낸 청자를 말한다. ______________________

____

____

____

____

____

이번 전시회에서는 고려 시대 도자기를 만들었던 장인들을 위한 제사 행사와 직접 도자기를 만들어 보는 체험 행사도 열릴 예정이다.

이번 특별전을 통해 고려청자의 가치와 역사적 의미도 되새기고 온 가족이 함께 여행도 할 겸 전라남도 강진으로 떠나 보는 건 어떨까?

토의해 봅시다

다음은 역사적인 인물에 대한 토의의 한 부분입니다. 읽고 물음에 답하세요.

A: 저는 아인슈타인이 20세기 과학 발전에 가장 크게 공헌한 인물이라고 생각합니다. 그의 이론들은 과학에 혁명을 일으켰다는 평가를 받을 만큼 과학 발전에 크게 기여했습니다. 이런 이유로 아인슈타인은 1921년에 노벨 물리학상을 받았습니다. 또한 그의 이론들은 휴대 전화, 디지털 카메라, 자동차 내비게이션 등의 개발에 응용되어 우리 생활을 편리하게 만들어 주고 있습니다.

B: 물론 아인슈타인이 과학 발전에 영향을 끼쳤다고는 생각합니다. 그렇지만 ⓐ그의 이론이 긍정적인 쪽으로만 응용된 것은 아니지 않습니까? 그의 이론은 전쟁 무기를 개발하는 데에도 사용되었습니다. 저는 토머스 에디슨이 과학 발전에 가장 크게 공헌했다고 생각합니다. 그가 만든 발명품은 축음기, 영화 촬영기, 투시경 등 1,000종이 넘는데 그중 가장 대표적인 발명품은 전구입니다. 전구가 발명됨으로써 밤에도 활동이 가능해져 우리 생활에 많은 변화를 가져왔습니다. 이렇듯 에디슨의 발명품들은 우리 생활 진반에 걸쳐 활용되고 있습니다.

(1) 두 사람이 언급하지 **않은** 것은 무엇입니까?

① 인물이 남긴 업적

② 후대에 미친 영향

③ 역사적인 인물의 생애

(2) ⓐ와 바꿔 쓸 수 **없는** 말은 무엇입니까?

① 부정적인 면도 없지 않습니다.

② 긍정적인 면만 있는 것은 아닙니다.

③ 긍정적인 면도 무시할 수는 없습니다.

(3) 에디슨에 대한 설명이 **아닌** 것은 무엇입니까?

① 수많은 발명품을 만들었다.

② 그의 이론이 디지털 카메라에 응용되었다.

③ 전구를 발명해 밤에도 활동이 가능해졌다.

제 4 과 과학과 기술

어휘

1. 알맞은 것을 골라 대화를 완성하세요.

멸종　　추세　　원격　　생태계　　효율적　　혁신적

(1) A: 이제 한국에서 호랑이를 볼 수 없게 될지도 모른대요.

B: 그래서 동물 보호 단체들이 ______________ 위기에 처한 호랑이를 보호하기 위해 다방면으로 노력하고 있대요.

(2) A: 내일이 아들 생일인데 뭘 선물하면 좋을지 모르겠어요.

B: 리모컨으로 ______________ 조정할 수 있는 장난감 자동차는 어때요? 남자 아이들에게 인기가 많다고 하더라고요.

(3) A: 경기가 나빠짐에 따라 실업자도 점점 증가하고 있다면서요?

B: 네. 그래서 이런 ______________에 따라 대학을 졸업하고도 직장을 찾지 못하는 고학력 실업자들도 날로 늘어나고 있대요.

(4) A: 침대를 사고 싶은데 이사 갈 방이 너무 좁아서 걱정이에요.

B: 요즘 좁은 공간도 ______________(으)로 활용할 수 있는 가구가 시중에 많이 나와 있다고 하니까 한번 알아보세요.

(5) A: 감독님, 이번에 환경 관련 다큐멘터리를 제작하셨다고 들었습니다.

B: 네. 파괴되어 가는 ______________을/를 보호하자는 차원에서 다큐멘터리를 제작하게 되었습니다.

(6) A: 21세기에 들어서 스마트 기술 덕분에 우리 생활이 많이 달라진 것 같아요.

B: 그렇지요? 스마트 기술의 발전이 우리의 생활을 ______________(으)로 바꾸어 놓았다고 해도 과언이 아니지요.

2. 알맞은 것을 골라 대화를 완성하세요.

그릇되다　일깨우다　전망되다　진화하다　의존하다　밀접하다　향상되다

(1) A: 요새 너무 머리가 아파서 자꾸 두통약을 먹게 돼요.

B: 너무 약에만 ________________ 건강을 해칠 수 있으니 되도록 약을 복용하지 말고 병원에 한번 가 보세요.

(2) A: 과학의 발달로 TV의 기능이 다양하게 변화하고 있다고 하지요?

B: 네. 최근의 TV는 인터넷 기능까지 갖추게 되어 단순한 방송 시청 수단을 넘어 종합 멀티미디어 기기로 ________________.

(3) A: 사오리 씨, 지난 학기에 비해 한국어가 많이 늘었네요.

B: 네. 한국 드라마를 열심히 보고 항상 한국어로만 이야기하려고 노력했더니 한국어 실력이 많이 ________________.

(4) A: 연일 폭염이 계속되고 있는데요. 언제쯤 이 더위가 물러갈 것으로 보십니까?

B: 한반도에 머무르고 있는 고기압의 영향으로 이번 달 말까지는 무더위가 지속될 것으로 ________________.

(5) A: 박사님, 이번에 건강 관련 책을 출간하시게 된 계기는 무엇입니까?

B: 병은 습관에서 비롯되는 경우가 많은데요. 사람들에게 생활 습관의 중요성을 ________________ 이 책을 출판하게 되었습니다.

(6) A: 요즘 여자 연예인들을 보면 모두 하나같이 너무 마른 것 같지 않아요?

B: 맞아요. 방송에 너무 마른 연예인들만 나오니까 청소년들에게 외모에 대한 ________________ 가치관을 심어 줄 수도 있을 것 같아요. 무조건 말라야만 예쁘다고 생각할 수도 있잖아요.

(7) A: 교수님, 보통 외국어를 배울 때 그 나라의 문화도 배워야 한다고 하는데 그 이유는 무엇입니까?

B: 언어와 문화는 ________________ 관계에 놓여 있으므로 문화를 잘 알지 못하면 언어를 제대로 이해할 수 없기 때문입니다.

3. 알맞은 것을 골라 문장을 완성하세요.

승리를 거두다　　빨래를 거두다　　회비를 거두다

(1) 동호회 활동에 사용하기 위해 여행 동호회는 매월 만 원씩 ______________.

(2) 비가 올 듯이 하늘이 갑자기 깜깜해져서 마당에 널어놓은 ______________.

(3) 대통령 선거에서 유권자들의 마음을 사로잡는 공약을 내세웠던 김민철 후보가 압도적인 ______________.

4. 알맞은 속담을 골라 대화를 완성하세요.

세월이 약이다　　가는 날이 장날이다　　십 년이면 강산도 변한다

(1) A: 미술관에 잘 다녀왔어요?

B: 아니요. ______________ 마침 그날이 정기 휴관일이더라고요. 그냥 허탕만 치고 돌아왔어요.

(2) A: 남자 친구와 헤어지고 나니까 너무 힘들어.

B: 지금은 힘들겠지만 ______________ 시간이 지나면 괜찮아질 테니까 힘 내.

(3) A: 어제 1990년대 인기 배우였던 김미정 씨가 TV에 나온 거 봤어요?

B: 네. ______________ 그 사람은 나이도 들어 보이지 않고 활동했던 때와 똑같아서 정말 놀랐어요.

준비합시다

01 -ㄴ/는다고 하더라도

1. 알맞은 것을 골라 대화를 완성하세요.

만나다	발달하다	개발되다

(1) A: 머지않아 생활 전반에 걸쳐 로봇이 인간을 대신할 세상이 올지도 모른대요.

B: 아무리 과학이 ____________ 기계가 인간을 대신할 수는 없을 것 같아요.

(2) A: 넌 아직도 첫사랑 얼굴이 기억나니? 길에서 우연히 만나면 알아볼 수 있을까?

B: 글쎄, 시간이 너무 많이 흘러서 ____________ 못 알아볼 것 같아.

(3) A: 먹기만 해도 살 빠지는 약이 만들어졌으면 좋겠다.

B: 설령 그런 약이 ____________ 건강에는 좋지 않을 것 같아.

2. 알맞은 것을 찾아 연결하고 문장을 완성하세요.

상황	조언
보기 생활이 바쁘다	체력 관리에 신경을 쓰다
(1) 많은 사람들이 반대하다	① 서로 예의를 지키다
(2) 여러 차례 실패를 경험했다	② 계획대로 사업을 추진하다
(3) 허물없이 지내는 가까운 사이이다	③ 포기하지 말고 다시 도전하다

보기 아무리 생활이 바쁘다고 하더라도 체력 관리에 신경을 써야 한다.

(1) ____________________.

(2) ____________________.

(3) ____________________.

02 -아/어 내다

1. 알맞은 것을 골라 대화를 완성하세요.

받다　　구하다　　견디다　　이루다

(1) A: 민수는 요즘 건강이 어떻대요? 많이 회복됐대요?

B: 다행히도 오랜 치료 과정을 잘 ________________ 이제는 완치됐대요.

(2) A: 신제품 개발에 성공한 것 축하드려요. 정말 고생 많으셨어요.

B: 감사합니다. 저 혼자만이 아니라 우리 팀원 모두가 1년 동안 쉬지 않고 노력해서 ________________ 결과지요.

(3) A: 교통사고 피해 보상금 문제는 잘 해결됐어요?

B: 사고를 낸 사람에게 여러 차례 요구한 끝에 피해 보상금을 ________________.

(4) A: 뉴스 봤어? 어제 종로에서 큰 화재가 났었다고 하더라.

B: 응. 뉴스에서 보니까 소방대원들이 불 속에 뛰어들어서 여러 명을 ________________. 정말 대단하지?

2. 알맞은 것을 골라 ⬭ 하세요.

(1) 우리 모두 힘을 합쳐서 이 위기를 (이겨 내야만, 이겨 버려야만) 한다.

(2) 집을 비운 사이에 우리 집 강아지가 내 방을 엉망으로 (만들어 냈다, 만들어 버렸다).

(3) 대중의 취향을 정확하게 (읽어 낸, 읽어 버린) 것이 이 영화의 성공 비결이라고 할 수 있다.

(4) 수진은 고민 끝에 오랫동안 풀지 못했던 문제의 해결 방법을 (생각해 냈다, 생각해 버렸다).

03 -게끔

1. 알맞은 것을 골라 대화를 완성하세요.

발생하다	안심하다	알아듣다	잊어버리다

(1) A: 배낭여행을 가고 싶은데 부모님이 계속 반대하셔서 어떻게 해야 할지 모르겠어요.

B: 여럿이 같이 가니까 그렇게 위험하지 않다고 부모님이 ______________ 잘 말씀드려 보세요.

(2) A: 내일 있을 행사 준비는 잘되고 있지요? 이번 일에 회사의 사활이 걸린 만큼 어떤 문제도 ______________ 신경 써 주기 바랍니다.

B: 걱정하지 마세요, 부장님. 최선을 다하겠습니다

(3) A: 동생이 잘못을 해 놓고 항상 남의 탓을 해서 걱정이에요.

B: 동생이 ______________ 잘 타일러 보세요. 그런 나쁜 습관은 빨리 고칠수록 좋으니까요.

(4) A: 선생님, 이번 학기가 끝나면 일본으로 돌아가요. 그동안 감사했습니다.

B: 아, 그래요? 그동안 배운 것을 ______________ 돌아가서도 한국어를 계속 열심히 공부하세요.

2. 알맞은 것을 골라 문장을 완성하세요.

진로를 찾다	흥미를 갖다	필요성을 느끼다

(1) 부모는 자녀들이 적성에 맞는 ______________ 도와주는 역할을 해야 한다.

(2) 정부에서는 국민들이 환경 보호의 ______________ 환경 보호 캠페인을 벌일 계획이다.

(3) 이 책에는 아이들이 과학에 관심과 ______________ 과학 원리가 쉽고 재미있게 설명되어 있다.

말해 봅시다

1. 다음 물음에 답하세요.

(1) 상대방의 말을 부정할 때 어떻게 말할까요?

A: 어제 텔레비전이 고장 나서 하루 종일 텔레비전을 못 봤거든. 처음에는 조금 심심했는데 나중에는 오히려 책을 읽을 수 있어서 좋더라고. 가끔은 텔레비전 없이 지내는 것도 괜찮은 것 같아.

B: ______________________.

① 그야 그렇지

② 맞는 말이야

③ 괜찮기는 뭐가 괜찮아

(2) 텔레비전이 반드시 필요하다는 것을 어떻게 말할까요?

A: 너 텔레비전 너무 많이 보는 거 아니야? 그렇게 보다가는 텔레비전 중독에 빠질 수도 있대. 텔레비전을 없애는 건 어때?

B: 무슨 소리야. 나는 ______________________.

① 텔레비전이 없다면 상상력을 키울 수 있어

② 텔레비전이 없이는 단 하루도 못 살 것 같아

③ 텔레비전이 없이 사는 것을 상상해 본 적이 있어

(3) 상대방의 말에 일부 동의할 때 어떻게 말할까요?

A: 텔레비전이 없으면 여가 시간을 더 알차게 보낼 수 있을 것 같아.

B: 듣고 보니 ______________________. 텔레비전을 보다가 하루를 그냥 보내 버리는 경우가 많으니까.

① 그럴 리가 없을 것 같아

② 그건 말이 안 되는 것 같아

③ 네 말도 일리가 있는 것 같아

2. 다음 대화를 읽고 물음에 답하세요.

사오리 집에 전자사전을 놓고 왔더니 모르는 단어를 빨리 못 찾으니까 너무 답답해.

젠하오 나도 전자사전이 고장 나서 한동안 종이로 된 사전으로 공부한 적이 있는데 생각보다 괜찮던데.

사오리 괜찮기는 무슨. 전자사전이 있으면 모르는 단어의 뜻을 빨리 찾을 수 있으니까 얼마나 좋아. 게다가 발음도 들으면서 공부할 수 있잖아. 전자사전 덕분에 얼마나 공부하기가 쉬워졌는데.

젠하오 그렇기는 하지만 쉽게 단어를 찾을 수 있는 대신에 더 빨리 잊어버리게 되는 것 같아. 한 번 찾아본 단어도 금방 잊어버려서 여러 번 찾은 적이 한두 번이 아니야.

사오리 그래도 전자사전이 없이 외국어를 공부하는 것은 상상조차 하기 힘들어. 만약에 전자사전이 없다면 불편한 점이 한둘이 아닐 것 같아.

젠하오 ⓐ______________________________. 예전처럼 종이로 된 사전을 사용하면 되지 뭐.

사오리 네 말도 전혀 틀린 말은 아닌 것 같아. 전자사전이 없을 때도 종이 사전으로 찾으면서 공부할 수 있었으니까.

젠하오 그렇지? 물론 전자사전이 없다면 불편한 점도 있겠지만 단어를 더 기억하려고 노력하게 될지도 몰라.

(1) ⓐ에 들어갈 말로 알맞지 **않은** 것은 무엇입니까?

① 사실 전자사전이 없다고 해서 모르는 단어를 못 찾는 것은 아니야

② 사실 전자사전이 없으면 단어를 찾을 수 없으니까 공부를 하기 힘들어

③ 사실 전자사전이 없다고 하더라도 모르는 단어를 아예 찾을 수 없는 것은 아니잖아

(2) 사오리가 전자사전이 필요함을 주장하고 있는 이유가 **아닌** 것은 무엇입니까?

① 발음을 들으면서 공부할 수 있어서　　② 단어를 더 쉽게 외울 수 있게 해 줘서

③ 궁금한 단어의 뜻을 빨리 찾을 수 있어서

(3) 대화의 내용과 같은 것은 무엇입니까?

① 젠하오는 종이로 된 사전을 별로 좋아하지 않는다.

② 사오리는 전자사전의 장점과 단점을 모두 이야기했다.

③ 사오리와 젠하오는 전자사전을 사용할 수 없었던 경험이 있다.

읽어 봅시다

다음은 미래의 가상 일기입니다. 읽고 물음에 답하세요.

2030년 5월 4일 금요일 날씨 맑음

오전 7시, 오늘도 어김없이 도우미 로봇 '지니'가 깨우는 소리에 눈을 떴다. 일어나자마자 화장실에 가서 볼일을 보니 변기에 설치되어 있는 건강 관리 시스템이 '이상 없음'이라고 오늘 나의 건강 상태를 알려 주었다. 내가 샤워를 하는 동안 지니는 내 건강 상태와 입맛에 맞게끔 식사를 준비해 놓았다. 지니가 없을 때는 끼니를 챙겨 먹기가 힘들었는데 지니 덕분에 더 건강해진 것 같다. 아침 식사 후, 옷 방으로 가 '마법 거울' 앞에 섰다. 예전 같으면 무엇을 입을까 거울 앞에서 한참 고민했을 텐데 이제는 마법 거울이 내 일정에 따라 추천해 주는 옷을 선택해서 입기만 하면 되니 시간도 절약할 수 있고 세련되게 연출할 수도 있다. 가격이 만만치 않아서 망설였었는데 구입하기를 잘한 것 같다.

오후 2시쯤 병원에 계신 어머니를 모시러 집을 나섰다. 병원으로 가는 길에 자동차 정비 센터에 들렀다. 최근 들어 자동차 스스로 운전하는 자동 운전 시스템에 오류가 자주 발생한다는 뉴스를 듣고 혹시나 하는 마음에 점검을 받으러 간 것이다. 점검 결과, 자동 운전 시스템에 작은 문제가 발견되어 수리를 받았다. 병원으로 이동하는 동안 자동 운전 시스템에 운전을 맡기고 나는 잠시 눈을 붙였다. 20분 후 도착 알림 소리를 듣고 눈을 떠 보니 어느새 병원 주차장에 도착해 있었다.

병원에 도착해서 병실에 가니 어머니가 퇴원 준비를 하고 계셨다. 어머니는 지난주에 복제한 간을 이식하는 수술을 받으셨는데 생각보다 회복이 빨라 오늘 퇴원하시게 됐다. 담당 의사는 퇴원 후 병원에 나오지 않고 집에서 화상으로 진료를 받으면 된다고 했다. 그리고 만약에 건강에 문제가 생기면 어머니가 차고 계신 '건강 체크 팔찌'가 몸의 이상을 감지해 병원에 자동으로 연락을 해 준다고 해서 안심이 되었다. 처방된 약을 받고 집으로 돌아오니 벌써 7시였다. 식사 후 어머니는 피곤하셨는지 바로 잠이 드셨다. 어머니가 잠드신 것을 확인하고 나는 방으로 돌아와 힘든 수술 과정을 이겨 내신 어머니를 위해 퇴원 기념 여행 계획을 짰다. 얼마 전 달로 신혼여행을 다녀온 친구의 얘기를 듣고 이번 여행은 달에 가기로 했다. 내일은 친구에게 추천받은 여행사에 가서 이것저것 물어보고 예약을 해야겠다.

(1) 이 글에 대한 설명으로 맞는 것은 무엇입니까?

① 근거를 들어 자신의 의견을 주장하고 있다.

② 하루 동안 겪은 일과 느낌을 기록하고 있다.

③ 구체적인 예를 들어 새로운 정보를 전달하고 있다.

(2) 2030년 미래 사회 모습으로 맞는 것을 **모두** 고르세요.

① 지구 밖으로 여행을 할 수 있다.

② 장기를 복제하여 이식하는 수술이 가능해졌다.

③ 사람 대신 자동차 스스로 운전할 수 있는 기술이 개발된다.

④ 환자가 병원에 가지 않아도 의사가 가정을 방문해 진료해 준다.

⑤ 집 안팎으로 로봇들이 인간 생활에 도움을 주는 동시에 문제를 일으킨다.

(3) 도우미 로봇의 역할은 무엇입니까?

① 병간호하기

② 건강 상태 확인하기

③ 균형 잡힌 식사 준비하기

(4) 2030년 미래 상품들의 기능을 써 보세요.

마법 거울	
건강 체크 팔찌	

메모

써 봅시다

다음은 인간과 로봇 커플이 탄생하게 된 배경입니다. 다음을 읽고 미래의 기사문을 완성하세요.

인간과 로봇 커플이 탄생하게 된 배경

- 인간같이 느끼고 생각하는 로봇을 개발해 냄
- 이상형에 가까운 로봇의 주문 제작이 가능해짐
- 인간과의 결혼 생활에서 발생하는 문제가 생기지 않을 것이라는 사람들의 기대

[이화일보 2060. 4. 6.]

인간과 로봇 커플 최초 탄생

원하는 외모와 성격을 갖춘 로봇을 내 배우자로

최근 한 여성이 로봇과 결혼해 화제가 되고 있다. 이번 결혼은 인간과 로봇이 최초로 결혼했다는 점에서 주목을 받고 있다.

2060년 4월 4일 서울의 한 호텔에서 직장인 김 모 씨가 인간형 로봇 데이비드와 결혼식을 올렸다. 이 여성은 작년에 자신이 원하는 이상형에 가까운 맞춤형 로봇을 로봇 회사에 의뢰해 제작한 후 1년 여간의 교제 끝에 결혼에 골인하게 되었다. 김 모 씨와 부부의 연을 맺게 된 데이비드는 온몸에 다양한 센서가 있어 외부 반응에 즉각적으로 반응하는 것은 물론이고 감정까지 느낄 수 있는 최첨단 인공 지능 로봇으로, 그 모습도 인간으로 착각할 만큼 인간과 흡사하다.

데이비드를 제작한 로봇 회사 관계자는 "현재 배우자로 로봇 제작을 요청하는 주문이 쇄도하고 있다."고 말했다. 이어 배우자 로봇의 인기에 힘입어 자녀를 대신할 유아 로봇도 곧 출시할 계획이라고 덧붙였다.

이번 결혼은 로봇이 더 이상 단순한 기계가 아닌 인생을 함께하는 대상으로까지 그 역할이 다양해졌음을 보여 준다. 이런 커플들이 많아지기 위해서는 여러 가지 해결해야 할 문제점이 많지만 앞으로 로봇이 인간 사회에서 점점 더 중요한 위치를 차지하게 될 것으로 보인다.

정동민 기자 (dongmin@ewhailbo.co.kr)

토론해 봅시다

다음은 동물 복제 허용에 대한 토론의 한 부분입니다. 읽고 물음에 답하세요.

A: 저는 동물 복제는 인류의 미래를 위해 허용되어야 한다고 생각합니다. 현재 환경 변화로 인해 멸종 위기에 놓여 있는 동물들이 많은데요. 동물 복제로 이러한 동물들을 보존해 생태계 파괴를 막을 수 있을 것입니다. 또한 식용을 목적으로 동물 복제를 할 경우 저렴한 가격으로 양질의 고기를 먹을 수 있고 식량 부족 문제도 해결할 수 있을 겁니다. 저는 이런 이유로 동물 복제에 찬성합니다.

B: ⓐ ______________________. 말씀하신 것처럼 동물 복제가 우리들에게 도움을 줄 수 있지만 기본적으로 인간이 생명을 창조하는 일은 비윤리적인 행위입니다. 동물의 생명도 소중한 것이므로 인간이 동물을 함부로 복제하는 것은 옳지 않습니다. 그리고 이것이 일반화된다면 생명을 가볍게 여길 수도 있으므로 저는 동물 복제를 허용하는 것에 반대합니다.

(1) ⓐ에 들어갈 수 **없는** 표현은 무엇입니까?

① 그 의견은 타당하다고 생각합니다

② 반드시 그렇다고만은 볼 수 없습니다

③ 저는 그 의견을 받아들이기 어렵습니다

(2) A가 동물 복제를 찬성하는 이유로 알맞지 **않은** 것은 무엇입니까?

① 생명 윤리를 지킬 수 있어서

② 생태계 파괴를 막을 수 있어서

③ 식량 부족 문제를 해결할 수 있어서

(3) B는 자신의 의견을 어떻게 제시하고 있습니까?

① 근거를 들어 자신의 생각을 말하고 있다.

② 상대방의 감정에 호소하며 동의를 구하고 있다.

③ 구체적인 자료를 제시하여 의견을 뒷받침하고 있다.

제 5 과 현대 사회와 개인

어휘

1. 알맞은 것을 골라 대화를 완성하세요.

관점 세대 의무 전략 정책 처벌

(1) A: 제품에 대한 인지도가 낮아서 그런지 이번에 출시한 제품의 판매가 부진합니다.

B: 그렇다면 효과적인 홍보 ________________을/를 세워야겠군요.

(2) A: 어제 가수 정재훈이 교통사고를 냈다는 뉴스 들었어요?

B 네. 음주 운전을 했기 때문에 ________________을/를 피하기는 어렵다고 하더라고요.

(3) A: 대통령 선거를 앞두고 후보들이 다양한 공약을 내놓고 있지요?

B: 그렇습니다. 각 후보들은 국민을 위한 여러 ________________을/를 내세우며 지지를 호소하고 있습니다.

(4) A: 어떤 영화 평론가가 감동적이라고 추천해서 이 영화를 봤는데 나는 너무 지루하더라. 깜박 졸기까지 했지 뭐야.

B: 사람마다 보는 ________________이/가 다르니까 그럴 수도 있지 뭐.

(5) A: 좀 더 나은 사회를 만들기 위해서 우리는 어떠한 태도를 가져야 할까요?

B: 사회 구성원으로서 누릴 수 있는 권리만 주장하지 말고 자신에게 주어진 ____________도 다해야 합니다.

(6) A: 요즘 20대 대학생들은 이성 문제에 대해 개방적인 생각을 가지고 있는 것 같아요. 우리가 젊었을 때에는 안 그랬던 것 같은데.

B: 맞아요. 저도 그런 젊은 사람들을 보면 ________________ 차이가 느껴지더라고요.

2. 알맞은 것을 골라 대화를 완성하세요.

규제하다 도태되다 마땅하다 보장되다 시급하다 시달리다 침해하다

(1) A: 출산율이 낮아짐에 따라 사회적으로 심각한 문제가 되고 있지요?

B: 네, 그렇습니다. 정부에서 하루빨리 대책을 마련하는 일이 ______________ 생각합니다.

(2) A: 지은 씨한테 요즘 안 좋은 일이 있나 봐요. 별것도 아닌 일에 자주 짜증을 내요.

B: 회사 일 때문에 스트레스에 ______________ 것 같더라고요. 그래서 신경이 좀 예민하대요.

(3) A: 친구 생일 선물 사러 나간 거 아니었어? 그런데 아무것도 안 샀나 보네?

B: 응. 선물하기에 ______________ 게 없더라고. 그래서 친구한테 뭘 갖고 싶은지 물어볼까 해.

(4) A: 이 학교에 지원하는 학생이 많은 이유가 있습니까?

B: 네. 저희 학교를 졸업하면 취업이 ______________ 때문에 많은 학생들이 여기에서 공부하고 싶어 합니다.

(5) A: 지난번에는 외국어 학원에 다니더니 이번에는 자격증을 따려고 준비하는 거예요?

B: 네. 계속 저 자신을 계발하지 않으면 경쟁에서 ______________ 것 같아서 자꾸 이것저것 배우게 돼요.

(6) A: 텔레비전에 나오는 가수들의 옷차림에 대해 어떻게 생각하십니까?

B: 저는 가수들이 지나치게 선정적인 옷을 입고 방송에 출연하지 못하도록 ______________ 한다고 생각합니다.

(7) A: 요즘 CCTV가 곳곳에 설치되어 있더라고요. 저는 안전을 위해 CCTV가 더 많아졌으면 좋겠어요.

B: 저는 방범 카메라가 사생활을 ______________ 듯해서 기분이 나쁘던데요. 저도 모르는 사이에 제 모습이 찍히고 있다는 게 좀 그렇더라고요.

3. 알맞은 것을 골라 문장을 완성하세요.

발에 걸리다	양심에 걸리다	규정에 걸리다

(1) 복용이 금지된 약을 먹어서 ______________ 선수들이 다음 대회에 출전할 수 없게 되었다.

(2) 축구 선수 최준혁은 어제 열린 경기에서 상대편 선수의 ______________ 넘어지는 바람에 부상을 입었다.

(3) 길에 쓰러져 있던 할머니를 못 본 척하고 지나친 것이 ______________ 나는 할머니를 돕기 위해 발길을 돌렸다.

4. 알맞은 속담을 골라 대화를 완성하세요.

가재는 게 편이다	백지장도 맞들면 낫다	달면 삼키고 쓰면 뱉는다

(1) A: 젠하오 씨가 도와준 덕분에 짐을 빨리 옮겼네요. 정말 고마워요.

B: 뭘요. 짐이 많지 않아서 힘들지도 않았는걸요. ______________ 말도 있잖아요.

(2) A: 분명히 지은 씨가 잘못을 했는데 왜 민우 씨는 지은 씨 편을 드는 거야?

B: 그러게 말이야. 혹시 둘이 같은 고향 출신이라서 그러는 게 아닐까? ______________ 하잖아.

(3) A: 이번에 서울 구단에서 야구 선수 이승진과 재계약을 하지 않았대요.

B: 그래요? 작년에 잘할 때는 다른 구단으로 가지 못하게 붙잡더니 ______________ 구단에서 너무했네요.

준비합시다

01 -ㄴ/는다기보다

1. 알맞은 것을 골라 대화를 완성하세요.

외롭다	느긋하다	헷갈리다	참가하다

(1) A: 루이 씨는 느긋한 성격을 가졌나 봐요. 아무리 바빠도 서두르지 않더라고요.

B: 글쎄요. 성격이 ________________ 행동이 느려서 그렇게 보이는 게 아닐까요?

(2) A: 지은 씨와 지민 씨는 쌍둥이라서 너무 헷갈리더라. 둘이 정말 비슷하게 생겼어.

B: 그래? 나는 ________________ 전혀 구별을 못 하겠어. 누가 누군지 모르겠더라.

(3) A: 가족과 떨어져서 사니까 좀 외롭지 않아?

B: 처음에는 힘들었는데 요새는 적응이 되어서 괜찮아. ________________ 가끔 심심할 뿐이야.

(4) A: 이번 마라톤에서 우승을 하셨는데요. 어떤 각오로 경기에 임하셨습니까?

B: 저는 우승하려고 이번 대회에 ________________ 제 자신의 한계를 시험해 보고 싶어서 도전했습니다. 최선을 다했더니 좋은 결과가 나온 것 같습니다.

2. 알맞은 것을 골라 문장을 완성하세요.

친구	문제	선생님

(1) 고등학교 시절 나를 가르치셨던 은사님은 나에게 ________________ 아버지와 같은 존재였다.

(2) 사오리 씨와 메이닝 씨는 ________________ 자매 같은 사이이다. 하루 종일 붙어 다닐 만큼 매우 친하다.

(3) 이번 사건은 단순히 개인과 개인 사이에 발생한 ________________ 사회의 구조적인 모순을 보여 준 사건이라고 할 수 있다.

02 -(으)ㄹ뿐더러

1. 알맞은 것을 골라 대화를 완성하세요.

해롭다	늘어나다	탁월하다

(1) A: 이번에 이주원 대리가 미국 지사로 발령을 받았대요.

B: 그래요? 이 대리는 업무 처리 능력도 ________________ 외국어 실력도 좋으니까 어디에 가서나 일을 잘할 거예요.

(2) A: 지난 10년간 인구 변화 추세는 어떻습니까?

B: 과거에 비해 노년층 인구가 ________________ 최근에는 출산율도 낮아졌습니다. 고령화 현상이 나타나고 있는 것이지요.

(3) A: 요즘 모든 공공장소에서 금연을 하자는 캠페인을 벌이고 계시죠?

B: 네. 흡연은 담배를 피우는 사람의 건강에 ________________ 주변에 있는 다른 사람들에게도 피해를 줍니다. 우리 모두의 건강을 위해 금연을 해야 합니다.

2. 알맞은 것을 찾아 연결하고 문장을 완성하세요.

사실 1	사실 2
보기 제주도는 자연 경관이 아름답다	먹을거리도 풍성하다
(1) 나는 친구들을 만날 시간이 없었다	① 말도 함부로 하다
(2) 어른은 어린이를 보호할 의무가 있다	② 올바르게 가르칠 책임도 있다
(3) 그는 다른 사람의 이야기를 잘 듣지 않다	③ 전화로 안부를 물을 겨를조차 없었다

보기 제주도는 자연 경관이 아름다울뿐더러 먹을거리도 풍성하다.

(1) ____.

(2) ____.

(3) ____.

03 -자

1. 알맞은 것을 골라 문장을 완성하세요.

전해지다 추워지다 시작되다 올라오다

(1) 갑자기 날씨가 ________________ 병원마다 감기 환자가 크게 늘었다.

(2) 연말을 맞아 불우 이웃 돕기 행사가 ________________ 성금을 내기 위한 줄이 끝없이 이어졌다.

(3) 축구 대표 팀이 월드컵 본선에 진출했다는 소식이 ________________ 온 국민이 환호하며 기뻐했다.

(4) 한 연예인을 비난하는 글이 인터넷에 ________________ 곧바로 글을 삭제해 달라는 팬들의 항의가 빗발쳤다.

2. 알맞은 것을 골라 글을 완성하세요.

걷다 오르다 나서다 바라보다

9월 25일 화요일

제주도에서의 둘째 날. 아침에 일어나서 커튼을 (1)____________ 눈부신 햇살이 방 안을 환하게 비추었다. 어제는 비가 내렸는데 오늘은 날씨가 맑아서 기분 좋게 하루를 시작할 수 있었다. 그리고 아침을 먹고 나서 한라산에 오르기 위해 호텔을 (2)____________ 상쾌한 아침 공기가 나의 머리를 맑게 해 주었다. 산을 오르는 일이 생각보다 쉽지는 않았지만 숲속의 산새들이 힘을 내라는 듯이 노래를 불러 주었다. 드디어 한라산 정상에 (3)____________ 저 멀리 탁 트인 바다가 한눈에 들어왔다. 푸른 바다를 (4)____________ 답답했던 내 마음이 뻥 뚫리는 것 같았다.

말해 봅시다

1. 다음 물음에 답하세요.

(1) 이직률이 증가하는 추세를 어떻게 말할까요?

A: 요즘 회사를 옮기는 직장인들의 비율이 30년 전보다 4배 정도 늘었대요.
B: 정말 ______________________________.

① 예전에는 이직률이 더 높았었다고 볼 수 있어요

② 요즘에는 예전에 비해 이직률이 높지 않은 것 같아요

③ 요즘은 예전보다 이직률이 높아지는 경향을 보이고 있지요

(2) 과거의 사회 모습을 어떻게 말할까요?

A: 최근 이직률이 높아졌다고 해요.
B: 맞아요. ______________________ 회사를 자주 옮기는 사람들이 이렇게 많았던 것 같지 않은데…….

① 한 10여 년 전만 해도

② 10여 년에 불과한 시간 동안

③ 아직 10년이 되지도 않았는데

(3) 상대방과 다른 자신의 생각에 대해 어떻게 말할까요?

A: 요즘 젊은 회사원들은 왜 이렇게 직장을 자주 바꿀까요? 일에 금방 싫증을 내서 그런 걸까요?
B: 글쎄요. 그렇게도 볼 수 있겠지만 ______________________________?

① 일에 금방 싫증을 내지 않고 평생 할 일이니까 열심히 하는 게 아닐까요

② 일에 금방 싫증을 내기는커녕 평생 한 직장에 다니고 싶어 하는 게 아닐까요

③ 일에 금방 싫증을 내서라기보다 평생직장의 개념이 사라지고 있기 때문이 아닐까요

2. 다음 대화를 읽고 물음에 답하세요.

젠하오	지은 씨, 이것 좀 보세요. 신문에 기사가 났는데 결혼을 안 하고 가족들과 떨어져서 혼자 사는 사람들이 15년 전보다 2.4배나 늘었대요. 요즘 한국에 ⓐ____________________.
지은	맞아요. 요즘은 예전에 비해 싱글족이 늘어나는 추세지요.
젠하오	대만도 한국과 마찬가지예요. 아닌 게 아니라 최근 싱글족이 부쩍 늘어나고 있어요.
지은	불과 10여 년 전만 해도 혼자 사는 사람들이 이렇게 많지는 않았던 것 같은데……. 십 년이면 강산도 변한다더니 그동안 많이 변한 것 같아요.
젠하오	그러게 말이에요. 제 주변에도 독립해서 혼자 사는 친구들이 많더라고요.
지은	그런데 가족과 떨어져 사는 사람들이 왜 이렇게 늘어났을까요? 가족들의 간섭을 불편하게 생각해서 그런 걸까요?
젠하오	글쎄요. 가족의 간섭을 불편해한다기보다 사생활을 존중받고 싶어 해서 그런 게 아닐까요? 요즘 젊은 사람들은 개인주의적인 성향이 강하잖아요.
지은	하긴 그렇겠네요. 이런 추세라면 앞으로는 싱글족이 더 증가할 듯해요. 사람들의 사회 활동이 활발해지고 결혼도 늦어질 테니까 말이에요.

(1) ⓐ에 들어갈 말로 알맞은 것은 무엇입니까?

① 혼자 사는 싱글족이 많긴 많은가 봐요

② 혼자 사는 사람들이 많지는 않은 것 같아요

③ 싱글족이 많기는 해도 예전보다는 감소한 듯해요

(2) 싱글족 증가의 원인이 <u>아닌</u> 것은 무엇입니까?

① 젊은 사람들이 결혼을 늦게 하는 경향이 있기 때문에

② 개인의 사생활을 중요하게 생각하는 사람들이 많아졌기 때문에

③ 현대인들이 개인의 행복보다 가족의 행복을 더 우선시하기 때문에

(3) 대화의 내용과 같은 것은 무엇입니까?

① 앞으로는 혼자 사는 사람들의 수가 감소할 것으로 보인다.

② 싱글족 증가 현상은 대만과 한국에서 공통적으로 볼 수 있다.

③ 가족과 떨어져서 살기 때문에 불편함을 느끼는 사람들이 많다.

읽어 봅시다

다음은 사회 문제 해결 방법에 대한 논설문입니다. 읽고 물음에 답하세요.

다양성을 인정하는 것, 사회 문제 해결의 첫걸음

인간은 혼자서 살아갈 수 없는 사회적 동물이라고 한다. 다른 사람들과 사회를 이루고 살면서 서로 도움을 주고받으며 살아가는 존재인 것이다. 그런데 사회를 구성하는 사람들 각각의 사회적 역할은 물론이고 생활 방식, 각자가 처한 생활 환경에 이르기까지 모두 다르기 때문에 사회 구성원들의 가치관이나 사고방식 역시 차이가 있기 마련이다.

사회 구성원들의 이러한 다양한 특성은 사회에서 일어나는 사건이나 문제를 보는 관점과도 연결된다. 최근 정부에서 새로운 복지 정책을 제시하자 여당과 야당에서는 정반대의 의견을 내놓았고 일반 사람들도 찬성과 반대로 의견이 나뉘었다. 또한 신문사, 방송사 등 여러 언론사 역시 서로 다른 입장을 나타냈다. 사회를 구성하는 구성원들은 다양하기 때문에 사회 문제를 보는 그들의 관점 역시 동일하지 않은 것이다.

그렇지만 이렇게 다양한 의견을 가진 사회 구성원들을 대하는 우리의 모습은 어떠한가. 사람들은 다른 사람의 의견에 대해 자세히 들어 볼 생각은 하지 않고 화부터 내기 일쑤이다. 서로 다른 의견을 가졌을 뿐이지 잘못된 생각을 하는 것이 아닌데도 상대방을 비난하는 것이다. 또한 사회 문제의 해결책을 찾아 나갈 때도 마찬가지이다. 서로 자신에게 유리한 방법만을 주장하다 보니 사회 문제가 해결되기는커녕 더 심각해지는 경우가 많다. 결국 이러한 일이 계속되다가 사회 구성원들끼리 갈등을 겪기도 한다.

따라서 이러한 사회 문제와 갈등을 해결하기 위해서는 나와 다른 관점을 가진 사람들의 생각도 인정하는 열린 마음이 필요하다. 또한 이러한 일 못지않게 사회 구성원들이 대화와 타협으로써 의견을 조정하는 것 역시 중요하다. 자신의 ⓐ목소리만 높이는 일은 사회 문제 해결에 도움이 안 될뿐더러 사회의 발전도 저해한다. 그러므로 사회를 보는 다양한 시각을 존중하며 다른 사람들과 소통하는 일이 우리 사회를 살아가는 데에 꼭 필요하다는 사실을 잊지 말아야 할 것이다.

(1) 글쓴이가 사회 문제를 해결하는 방법으로 제시한 것은 무엇입니까?

① 서로 대화하기 전에 깊이 생각하는 것

② 자신의 주장을 효과적으로 내세우는 것

③ 다른 사람의 생각이나 의견을 존중하는 것

(2) ⓐ의 의미로 알맞은 것은 무엇입니까?

① 시끄럽게 떠드는 일

② 자기 의견을 주장하는 일

③ 상대방의 말을 무시하는 일

(3) 글의 내용과 **다른** 것은 무엇입니까?

① 사회 문제에 대해 각 언론사에서는 같은 관점에서 객관적으로 보도한다.

② 사회를 구성하는 사람들은 다양하기 때문에 그들의 생각 역시 각양각색이다.

③ 사회를 보는 여러 시각을 인정하고 다른 사람과 의견을 조정하는 일이 중요하다.

(4) 각 단락에 맞는 소제목을 연결하세요.

①	첫 번째 단락 •	• 사회를 구성하는 다양한 사람들
②	두 번째 단락 •	• 사회 문제와 갈등을 해결하기 위한 방법
③	세 번째 단락 •	• 사회 문제와 사건을 바라보는 다양한 관점
④	네 번째 단락 •	• 의견이 다른 사람을 대하는 우리의 잘못된 모습

메모

써 봅시다

다음은 '개미'와 '베짱이'의 생각입니다. 다음을 읽고 현대의 사회상을 반영한 우화를 완성하세요.

추운 겨울이지만 나는 걱정 없어. 그동안 모아 놓은 양식이 많거든. 어, 그런데 왜 이렇게 온몸이 아프지? 저 많은 양식을 다 먹어 보지도 못하고 죽게 되는 것은 아닐까? 아이고, 이게 뭐야.

마을 동물들이 내 노래를 좋아해 주다니 정말 좋은걸. 그동안 노래 연습을 해 두길 잘했어. 동물들이 내 노래를 듣고 고맙다면서 나눠 준 양식이 많으니까 배부르게 겨울을 날 수 있겠구나.

개미와 베짱이의 겨울

아주 먼 옛날 어느 깊은 산골 마을에 개미와 베짱이가 살고 있었다. 개미는 걱정을 많이 하는 성격이어서 늘 자신의 미래를 불안하게 생각했고 앞으로의 삶을 미리 준비해야 한다고 믿었다. 반면 베짱이는 낙천적인 성격을 가지고 있었기에 현재의 삶을 즐기는 것이 중요하다고 생각했다. 베짱이의 인생 목표는 좋아하는 일을 하면서 사는 것이었다. 이렇게 개미와 베짱이는 각자의 방식대로 하루하루 살아갔다.

개미는 추운 겨울이 오기 전에 더 많은 양식을 모아 두지 않으면 굶어 죽을 것이라는 걱정에 매일 온 힘을 다해 열심히 일했다. 그렇지만 베짱이는 자신이 좋아하는 노래를 부르는 데에만 열중하고 양식을 모을 생각조차 하지 않았다. 잠시도 쉬지 않고 일을 하던 개미는 시원한 그늘에 앉아 노래만 하는 베짱이를 보면서 한심하다는 듯이 혀를 찼다. 그리고 겨울이 오면 결코 자신의 양식을 베짱이에게 나누어 주지 않겠다고 다짐했다.

이윽고 시간은 흘러 산골 마을에 겨울이 찾아왔다. ______________________

____

____

____

____

베짱이는 이렇게 다른 동물들이 나누어 준 양식으로 배부르게 겨울을 날 수 있었다. 그리고 자신이 좋아하는 일을 통해 남에게 기쁨을 줄 수 있다는 생각을 하니 날마다 감사한 마음이 들었다. 반면 며칠 동안 시름시름 앓던 개미는 많은 양식을 남겨 둔 채 결국 세상을 떠나고 말았다.

토론해 봅시다

다음은 도덕적 행동의 법제화에 대한 토론의 한 부분입니다. 읽고 물음에 답하세요.

A: 얼마 전 길에 한 아이가 쓰러져 있는데도 많은 사람들이 못 본 척하고 그냥 지나가는 바람에 아이가 목숨을 잃을 뻔한 사건이 발생했었습니다. 뒤늦게 현장에 있던 사람들에게 인터뷰를 해 보니 대다수의 사람들이 귀찮아서 아이를 외면했다고 말해 더 큰 충격을 주었습니다. 이렇게 인간에게는 남보다 자신을 먼저 생각하는 이기적인 마음이 존재하기 때문에 위험에 처한 사람을 돕게 하는 법을 제정해야 한다고 생각합니다. 법이 만들어지면 처벌을 받기 싫어서라도 어려운 사람을 돕게 될 테니까요.

B: 제 생각은 좀 다릅니다. 위험에 빠진 사람을 그냥 지나치든지 그에게 도움을 주든지 하는 것은 개인의 양심에 달린 문제이지 법으로 규제할 문제가 아닙니다. 개인 스스로 결정할 권리가 있는 도덕적인 영역의 규범을 법으로 의무화하는 것은 ⓐ<u>개인의 자율성을 침해하는 일이 아닐까요?</u>

A: 그렇게 사람들의 양심에만 맡겨 두면 다른 법들은 왜 필요하겠습니까? 법을 제정하면 다른 사람을 돕는 일이 당연한 의무라고 생각하게 될 것이므로 교육적으로도 의미가 있을 것입니다.

(1) ⓐ와 바꿔 쓸 수 있는 표현은 무엇입니까?

① 개인의 자율성을 침해하는 일과 마찬가지입니다.

② 개인의 자율성을 침해하는 일이라고 보기 어렵습니다.

③ 개인의 자율성을 침해하는 일이라기보다 존중하는 일입니다.

(2) A가 주장하고 있는 것은 무엇입니까?

① 위험에 처한 사람을 돕도록 교육해야 한다.

② 위험에 처한 사람을 돕게 하는 법을 제정해야 한다.

③ 위험에 처한 사람을 돕는 일은 개인의 양심에 맡겨야 한다.

(3) A는 자신의 의견을 어떻게 주장하고 있습니까?

① 전문가의 의견을 근거로 인용하였다.

② 자신이 직접 피해를 입은 사실을 제시했다.

③ 사회적으로 문제가 되었던 사건을 예로 들었다.

제 6 과 문화와 상징

어휘

1. 알맞은 것을 골라 대화를 완성하세요.

기후	장수	생계	형식	기호	계승

(1) A: 메이닝 씨, 중국의 10월 날씨는 어때요?

B: 베이징의 날씨는 서울과 비슷하지만 중국은 넓어서 지역에 따라 ________의 차이가 커요.

(2) A: 선배, 논문을 써야 하는데 어떻게 작성해야 할지 잘 모르겠어요.

B: 내용도 중요하지만 ________도 중요하니까 쓰기 전에 먼저 기존의 논문들을 잘 참고해 보도록 해.

(3) A: 직장을 알아보고 있다고 했었지요? 일자리는 구했어요?

B: 아직 못 구했어요. 제가 우리 가족의 ________을/를 책임지고 있는데 돈벌이를 못 하고 있으니 걱정이에요.

(4) A: 교수님, 조상에게서 물려받은 전통문화를 지켜 나가기 위해서는 어떤 노력이 필요할까요?

B: 전통문화의 ________와/과 발전을 위해서는 먼저 우리 모두 전통문화의 가치를 알고 이를 아끼며 소중히 여기는 마음을 갖는 것이 중요합니다.

(5) A: 이 마을 주민들은 평균 수명이 90세가 넘는다고 들었는데요. 그 비결은 무엇입니까?

B: 우리 마을 사람들의 ________ 비결은 적게 먹는 것에 있다고 할 수 있습니다. 마을 사람 대부분이 소식하는 식습관을 가지고 있지요.

(6) A: 신상품에 대한 소비자들의 반응이 뜨겁다고 들었습니다.

B: 네. 최근 젊은 세대의 ________에 맞게 제품 디자인을 바꾸었더니 판매량이 급증했습니다.

2. 알맞은 것을 골라 대화를 완성하세요.

깃들다	기원하다	존중하다	엉뚱하다	허전하다	접목하다	곁들이다

(1) A: 정월대보름에는 달을 보고 소원을 비는 풍습이 있다면서요?

B: 네. 1년 중 달이 가장 크고 밝게 빛나는 날인 정월대보름에 달을 보면서 자신의 소원이 이루어지기를 ______________ 풍습이 이어져 내려오고 있어요..

(2) A: 이번에 발표하신 신곡은 어떤 노래인가요?

B: 서양 음악에 국악을 ______________ 곡인데요. 동서양 음악의 아름다움을 동시에 느끼실 수 있을 겁니다.

(3) A: 왜 이렇게 시무룩해요? 무슨 일 있어요?

B: 몇 년을 한 방에서 같이 지냈던 친구가 지난주에 고향으로 돌아갔거든요. 그래서 그런지 마음 한구석이 ______________.

(4) A: 한국에서는 고구마를 먹을 때 왜 김치를 같이 먹어요?

B: 고구마를 먹을 때 김치를 ______________ 먹으면 맛이 좋을뿐더러 소화도 더 잘되기 때문이지요.

(5) A: 루이 씨와 이야기하다 보면 갑자기 ______________ 질문을 해서 당황할 때가 많아요.

B: 저도 그런 적이 있는데요. 루이 씨가 그럴 때마다 어떻게 대답을 해야 할지 잘 모르겠더라고요.

(6) A: 선생님, 토론 시간에 다른 사람의 기분을 상하지 않게 말하는 게 쉽지 않은 것 같아요.

B: 맞아요. 그렇기 때문에 자신의 생각과 의견이 다르더라도 상대방의 의견을 ______________ 태도를 가져야 해요.

(7) A: 어제 한옥에 대한 다큐멘터리를 봤는데 옛날에 어떻게 그렇게 과학적으로 집을 만들 수 있었는지 정말 놀랍던데요.

B: 그렇지요? 한옥뿐만 아니라 모든 문화유산 속에는 조상들의 삶의 지혜가 ______________ 있어요.

3. 알맞은 것을 골라 문장을 완성하세요.

정신을 차리다	실속을 차리다	음식을 차리다

(1) 오랜만에 고향에 내려갔더니 어머니가 상다리가 부러질 정도로 ________________ 주셨다.

(2) 내 동생은 지난 학기에 학점이 안 좋아서 충격을 받았는지 요즘 ________________ 열심히 공부한다.

(3) 그는 다른 사람들은 생각하지 않고 항상 자기 ________________ 데에만 신경을 써서 주변 사람들에게 비난을 받는다.

4. 알맞은 속담을 골라 대화를 완성하세요.

호랑이도 제 말 하면 온다	닭 잡아먹고 오리발 내민다	서당 개 삼 년에 풍월을 읊는다

(1) A: 어제 친구들이랑 지은이 흉을 보고 있었는데 그때 마침 지은이가 나타나서 얼마나 깜짝 놀랐는지 몰라.

B: ________________________ 너 정말 당황했겠다.

(2) A: 컴퓨터 고쳐 줘서 고마워. 네가 그렇게 컴퓨터를 잘하는지 몰랐어.

B: 우리 형 전공이 컴퓨터 공학이잖아. ________________________ 말이 괜히 생겼겠어? 같이 지내다 보니 이것저것 알게 된 거지 뭐.

(3) A: 너 어제 나한테 말도 안 하고 또 내 옷 입고 나갔었지?

B: 무슨 소리야. 내가 언니 걸 왜 입고 나가?

A: 네가 그렇게 ________________________ 내가 모를 줄 알아? 주머니에 있는 이 지갑, 네 거잖아!

준비합시다

01 -(으)ㄹ 정도

1. 알맞은 것을 찾아 연결하고 문장을 완성하세요.

정도	결과
보기 보는 내내 잠을 자다	그 영화는 너무 지루했다
(1) 중간에 포기하고 싶다	① 어제 너무 과로했다
(2) 아침에 일어나기 힘들다	② 드라마를 반복해서 봤다
(3) 주인공의 대사를 다 외우다	③ 과제가 생각보다 어려웠다

보기 보는 내내 잠을 잘 정도로 그 영화는 너무 지루했다.

(1) ______________________________.

(2) ______________________________.

(3) ______________________________.

2. 알맞은 것을 골라 대화를 완성하세요.

배꼽이 빠지다	눈을 뗄 수 없다	둘이 먹다가 하나가 죽어도 모르다

(1) A: 주말에 영화 〈스피드〉 잘 봤어요?

B: 네. 영화가 어찌나 긴장감이 넘치던지 영화를 보는 내내 ______________.

(2) A: 저 식당에는 왜 저렇게 항상 사람들이 많아요?

B: 저 집 떡볶이가 ______________ 맛있어서 멀리에서도 일부러 찾아 온대요. 나중에 한번 같이 가요.

(3) A: 어제 새로 시작한 예능 프로그램 봤어?

B: 응. 진짜 재미있더라. 처음에는 그냥 어떤가 궁금해서 봤는데 보다 보니까 ______________ ______________ 웃기더라고.

02 -(으)면 몰라도

1. 알맞은 것을 골라 대화를 완성하세요.

낫다	알다	비싸다	당첨되다

(1) A: 재민 씨가 최근에 비싼 외제차를 샀다면서요?

B: 설마요. 재민 씨가 복권에 ______________ 그렇게 비싼 차를 어떻게 샀겠어요?

(2) A: 그때 인터넷에서 산 옷이 마음에 안 든다면서 반품은 했어?

B: 물건이 ______________ 괜히 반품했다가 오히려 배송비가 더 들 것 같아서 그냥 입기로 했어.

(3) A: 졸업 후에 한국에서 사업을 할까 해요.

B: 한국에 오래 살아서 한국 사정을 잘 ______________ 낯선 외국에서 사업을 하는 것은 무리예요.

(4) A: 회사를 옮기려고 알아보고 있는데 어제 한 곳에서 연락이 와서 갈까 말까 고민 중이야.

B: 옮기려는 회사의 근무 조건이 지금보다 ______________ 그렇지 않다면 이직하지 않는 게 좋을 것 같아.

2. 알맞은 것을 골라 문장을 완성하세요.

개다	낡다	사과하다

(1) 날씨가 ______________ 이렇게 비바람이 치는 날에 바다에서 수영하는 것은 무리이다.

(2) 그 사람이 먼저 ______________ 다시 예전의 좋은 관계로 돌아가기는 쉽지 않을 것 같다.

(3) 신발이 신을 수 없을 정도로 ______________ 아직 멀쩡한 신발을 버리고 새로 사는 것은 낭비이다.

03 -(으)ㄴ 나머지

1. 알맞은 것을 골라 대화를 완성하세요.

새우다 견디다 괴롭다 몰두하다

(1) A: 민우 씨가 병원에 입원했다면서요? 무슨 일로 그렇게 된 거예요?

B: 밀린 일을 한다고 며칠 밤을 ______________ 쓰러지고 말았대요.

(2) A: 한 고등학교 3학년 학생이 스스로 목숨을 끊었다는 뉴스 들었어요?

B: 네. 공부에 대한 부담을 ______________ 잘못된 선택을 하고 말았대요.

(3) A: 젠하오 씨가 어제 우리 모임에 또 늦은 거 있지요.

B: 모임에 오기 전까지 컴퓨터 게임을 하고 있었대요. 아마 게임에 지나치게 ______________ 시간 가는 줄도 몰랐나 봐요.

(4) A: 3년 동안 사귀었던 여자 친구와 얼마 전에 헤어져서 너무 힘들어.

B: 나도 비슷한 경험이 있는데 그때 너무 ______________ 일주일 내내 술만 마셨었어. 하지만 시간이 지나고 나니까 다 잊어버리게 되더라고. 너도 괜찮아질 거야.

2. 알맞은 것을 골라 ◯ 하세요.

(1) 매달 월급을 꾸준히 저축한 (나머지, 끝에) 드디어 집을 장만할 수 있게 되었다.

(2) 나는 회사에서 일을 마치고 집에 들어오자마자 피곤한 (나머지, 끝에) 침대 위에 쓰러져 버렸다.

(3) 세계적인 경영인들은 모두 자신이 열심히 노력한 (나머지, 끝에) 성공을 이룬 것이라고 말한다.

(4) 그는 기대에 미치지 못한 시험 결과에 실망한 (나머지, 끝에) 한참 동안 고개를 들지 못하고 있었다.

말해 봅시다

1. 다음 설문 조사 결과를 보고 물음에 답하세요.

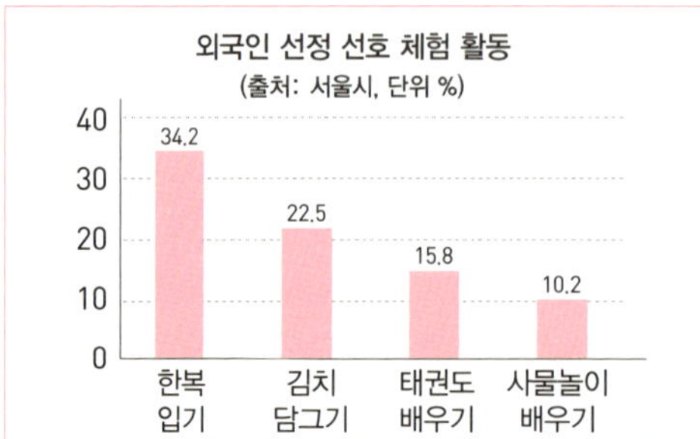

조사 기관: 서울시
조사 시기: 2012년 7월 10일–20일
조사 대상: 국내 거주 외국인 500명
조사 주제: 외국인이 선호하는 체험 활동

(1) 설문 대상에 대해 어떻게 말할까요?

조사는 ________________________.

① 7월 10일부터 20일까지 총 10일간 이루어졌습니다
② 한국에 살고 있는 외국인 500명을 대상으로 진행되었습니다
③ 서울시에서 외국인이 선호하는 체험 활동에 대해 조사했습니다

(2) 설문 조사 결과를 어떻게 말할까요?

조사 결과, 보시다시피 한복 입기가 34.2%로 1위를 차지했습니다. ________________________.

① 그리고 김치 담그기, 태권도 배우기, 사물놀이 배우기로 나타났습니다
② 김치 담그기, 태권도 배우기, 사물놀이 배우기 등을 선호할 것으로 예상됩니다
③ 김치 담그기 22.5%, 태권도 배우기 15.8%, 사물놀이 배우기 10.2% 순으로 나타났습니다

(3) 설문 조사 결과 분석에 대해 어떻게 말할까요? 알맞지 **않은** 것은 무엇입니까?

이러한 결과를 통해 ________________________.

① 한복 입기가 1위를 차지할 정도로 인기가 있는 체험이라는 것을 알 수 있었습니다
② 김치 담그기 같은 음식 문화 체험이 외국인들에게 인기가 많다는 것을 알 수 있습니다
③ 전통 무술 체험인 태권도 배우기가 외국인들에게 가장 높은 관심을 끌고 있다는 것을 알 수 있습니다

2. 다음을 읽고 물음에 답하세요.

사오리 여러분은 무엇이 한국을 상징한다고 생각하십니까? 저희는 한국인이 생각하는 한국의 상징에 대해 알아보았습니다. 그럼 지금부터 조사 결과에 대해 발표를 시작하겠습니다.

저희가 조사를 실시한 목적은 한국인이 생각하는 한국의 상징이 무엇인지 알아보기 위해서였습니다. 또한 저희와 같은 외국인들은 한국 하면 김치가 생각나는데요. 한국인의 생각도 저희와 비슷한지 알아보고자 조사를 하게 되었습니다. 조사는 4월 11일부터 20일까지 총 열흘간 서울 거주 한국인 100명을 대상으로 설문 형식으로 진행되었습니다.

그럼 그 결과에 대해서 말씀드리도록 하겠습니다. 먼저 이 그래프를 보시지요. 조사 결과, ⓐ__________ 한글이 35.7%로 1위를 차지했습니다. 이어 태극기 22.6%, 김치 15.3%, 한복 11.4%, 한옥 9.2% 순으로 나타났습니다. 이러한 결과를 통해 한글이 1위를 차지할 정도로 한국의 대표적인 상징으로 여겨지고 있다는 것을 알 수 있었습니다. 이는 한국 사람들이 한글에 얼마나 자부심을 가지고 있는지를 보여 주는 것입니다. 한편 김치가 3위에 올라 한국인들도 저희의 생각처럼 김치를 한국의 상징으로 여기고 있음을 확인할 수 있었습니다. 기타 의견으로 정보기술(IT)이나 응원 문화 등이 있었는데요. 이처럼 한국 사람들은 전통적인 것뿐만 아니라 현대적인 것들도 한국을 상징한다고 생각하고 있었습니다.

이상으로 한국인들이 생각하는 한국의 상징에 대한 발표를 마무리하도록 하겠습니다. 지금까지 들어 주셔서 감사합니다.

(1) ⓐ에 들어갈 말로 알맞은 것은 무엇입니까?

① 예상대로 ② 보시다시피 ③ 아시는 것처럼

(2) 이 주제를 선택한 이유를 찾아 쓰세요.

① ____________________

② ____________________

(3) 발표의 내용과 **다른** 것은 무엇입니까?

① 한국인은 한글이 한국을 가장 대표하는 것이라 생각한다.

② 한국인이 생각하는 한국의 상징물에는 전통적인 것만 있다.

③ 외국인은 한국인이 김치가 한국을 대표하는 상징으로 여길 것이라 생각했다.

읽어 봅시다

다음은 유명인과의 인터뷰 기사문입니다. 읽고 물음에 답하세요.

한복 디자이너 이정화 "뉴욕 한가운데서 한복의 멋 선보일 것"

"뉴욕 한가운데에서 한복의 아름다움을 마음껏 선보이고 싶습니다."

오는 10월 9일 뉴욕에서 조선 시대 궁중 복식을 재현해 패션쇼를 열 예정인 이정화 한복 디자이너(50, 이정화한복 대표)는 "역사적으로 고증된 전통 복식을 재현해 내 한복의 멋과 가치를 선보이겠다."며 각오를 다졌다. 이번 패션쇼에는 현지의 관심을 반영하듯 세계적인 디자이너들을 비롯해 할리우드 유명 배우들도 대거 참석할 예정이다.

이 대표는 5년에 걸쳐 복식 관련 국내외 자료를 연구해 책을 출간함으로써 대중들에게 전통 한복의 미를 알리는 데에 힘써 왔다. 이번 패션쇼는 그 책을 바탕으로 기획된 것으로 전통 궁중 한복의 미를 한국을 넘어 세계에 알리고자 열게 된 것이다. 그녀는 "이번 패션쇼는 조선 시대의 옷뿐만 아니라 장신구들도 재현해 선보이는 자리이므로 조선 시대 전반적인 복식을 볼 수 있는 좋은 기회가 될 것이다."라고 말했다.

이 대표가 한복과 인연을 맺게 된 것은 한복집을 운영하셨던 그녀의 할머니와 관련이 깊다. 어린 시절 할머니 손에서 자란 그녀는 할머니가 한복을 지으시는 모습을 보면서 자연스럽게 한복에 관심을 갖게 됐다. 대학에서 의상을 전공한 그녀는 한복에 대해 더 깊이 있게 연구하기 위해 대학원에 진학해서 박사 과정까지 밟았다. 박사 과정 시절, 연구에 너무 몰두한 나머지 병원 신세를 지기도 했다. 그녀는 "한복을 잘 만드는 것도 중요하지만 전통 한복이 지니고 있는 아름다움을 잘 아는 것도 그에 못지않게 중요하다고 할머니께서 항상 강조하셨다."며 "전통 복식에 대한 책을 펴내게 된 것도 할머니의 영향이 컸다."고 설명했다.

한복이 더 이상 일상복이 아닌 결혼식과 같은 특정한 날에만 입는 옷으로 인식되고 있는 것에 대해 이 대표는 "사람들이 한복은 '불편한 옷'이라고 생각하는 것 같다."며 안타까움을 나타냈다. "한복을 안 입어 본 사람이면 몰라도 한복을 입어 본 사람이라면 어떤 옷보다도 편안한 한복의 매력에 빠질 수밖에 없다."며 "앞으로 한복의 전통적인 아름다움인 직선과 곡선의 조화를 살리면서 편안하게 입을 수 있는 한복을 다양하게 소개할 계획"이라고 말했다.

한복이 지닌 한국적 아름다움은 한국 드라마나 패션쇼 등을 통해서 세계인의 관심을 끌고 있다. 이정화 씨처럼 전통을 이어 가는 사람들이 한국의 아름다움을 보존하고 더욱 발전시켜 나가는 데에 앞장 서 한복이 세계적으로 우뚝 설 그 날을 기대해 본다.

김세경 기자 (sekyeong@ewhailbo.co.kr)

(1) 이 글에 나오지 **않은** 내용을 고르세요.

① 한복 패션쇼의 특징

② 디자이너의 앞으로의 포부

③ 시대별 한복 디자인의 변화

(2) 이정화 씨가 패션쇼를 여는 목적은 무엇입니까?

(3) 패션쇼에 대한 설명으로 맞지 **않은** 것은 무엇입니까?

① 세계적인 유명 인사들도 많이 참석할 예정이다.

② 전통 옷에 현대적인 장신구를 착용해 선보일 것이다.

③ 조선 시대 전통 의복에 관한 책을 바탕으로 열리는 것이다.

(4) 이정화 대표에 대한 설명으로 맞는 것은 무엇입니까?

① 어렸을 때에는 한복에 대해 관심이 없었다.

② 앞으로 한복 역사에 대한 책을 출판할 예정이다.

③ 대학원 시절 건강을 해칠 정도로 한복을 열심히 연구했었다.

메모

써 봅시다

다음은 두 나라의 술 문화에 차이가 나타난 이유에 대한 두 사람의 대화입니다. 다음을 읽고 음식 문화 차이에 대한 투고문을 완성하세요.

중국에서는 예로부터 모자람 없이 가득 차 있는 것을 좋은 것으로 생각하기 때문에 술잔이 비지 않게 수시로 술을 따라 줘요.

그래요? 한국에서는 제사를 지낼 때만 첨잔을 하기 때문에 첨잔은 죽은 사람에게 하는 것으로 생각해서 하지 않아요.

나라마다 다른 술 문화

한국에 유학 온 첫 해, 연말을 맞이해 한국 친구들과 처음으로 술자리를 갖게 되었다. 이런저런 이야기를 나누며 즐겁게 술을 마시던 중 나는 상대방의 술잔이 다 비워지기를 기다렸다가 술을 따라 주는 한국 친구들의 모습을 보게 되었다. 그때 나는 비로소 한국의 술 문화가 중국과는 다르다는 것을 알게 되었다.

중국에서는 술을 마실 때 상대방의 술잔에 술이 항상 가득 차 있어야 한다. 상대방의 잔에 술이 조금이라도 비어 있으면 술을 가득 채워 주는 게 예의이다. 이에 반해 한국에서는 술을 다 마시지 않았는데 술을 더 따라 주는 것은 예의에 어긋난 행동으로 반드시 상대방이 술을 다 마신 후에 따라 줘야 한다.

이렇게 두 나라의 술 문화에 차이가 생긴 이유는 무엇일까? ____________________

____

____

____

____

한국에서 생활하면서 중국과는 다른 문화를 접할 때마다 당황스러울 때도 많다. 그렇지만 새로운 문화를 알아 가는 것은 즐거운 일이기도 하다. 앞으로 한국 생활을 하면서 한국 사람과 한국 문화에 대한 이해의 폭을 넓혀 가고 싶다.

토론해 봅시다

다음은 전통문화 계승 방법에 대한 토론의 한 부분입니다. 읽고 물음에 답하세요.

A: 요즘 전통문화에 현대적인 것을 접목시키려는 시도가 점점 늘어나고 있는데요. 이렇게 전통과 현대가 조화를 이룬 문화들이 대중들에게 큰 호응을 얻으면서 그동안 지루하다는 이유로 젊은이들에게 외면을 당해 왔던 전통문화에 대한 관심이 높아지고 있습니다. 저는 사람들에게 외면을 당하는 문화는 언젠가는 사라지기 마련이기 때문에 이와 같이 전통문화에 현대인들의 기호를 반영하여 발전시켜 나가는 것이 좋다고 생각합니다.

B: 그렇지만 현대인의 입맛에 맞추기 위해 고유의 것을 변형시킨다면 나중에는 전통문화 고유의 모습을 찾아보기 힘들어지지 않을까요? 전통문화는 그 민족의 역사와 정서를 담고 있는 것이기에 전통문화를 잃는 것은 민족의 정체성을 잃는 것과도 같습니다. 또한 한번 사라진 문화는 나중에 아무리 되찾으려고 노력해도 다시 복원해 내기 힘듭니다. 저는 이런 이유로 ⓐ______________________.

(1) ⓐ에 들어갈 수 있는 것은 무엇입니까?

① 전통문화는 다양한 문화와 접목시켜야 한다고 생각합니다.

② 전통문화는 고유의 것을 그대로 계승해야 한다고 생각합니다.

③ 전통문화는 현대인의 기호에 맞게끔 재창조되어야 한다고 생각합니다.

(2) A가 주장한 내용의 예로 맞지 **않는** 것은 무엇입니까?

① 국악과 비보이의 합동 공연

② 신 메뉴 '김치 피자' 출시 이벤트

③ 조선 시대 한복 재현 특별 전시회

(3) B는 A의 발언에 어떤 태도를 가지고 있습니까?

① A가 제시한 의견에 전적으로 동의하고 있다.

② A의 의견에 문제점을 지적하며 반박하고 있다.

③ A의 의견을 정리한 후 보충해서 설명하고 있다.

제 7 과 자연과 환경

어휘

1. 알맞은 것을 골라 대화를 완성하세요.

경계	광경	방지	사태	폐수	부지기수

(1) A: 피서가 절정을 이루면서 전국의 바닷가가 쓰레기로 몸살을 앓고 있대요.

B: 저도 며칠 전에 해수욕장에 다녀왔는데요. 여기저기에 버려진 빈 병, 종이컵, 과일 껍질 등이 ________________ (으)로 많았어요.

(2) A: 개그맨 김명환 씨가 방송에서 한 말이 여성 비하 발언이라며 논란이 되고 있다면서요?

B: 네, 그렇습니다. 그래서 김명환 씨 측은 이 ________________ 을/를 진정시키고자 오늘 기자 회견을 열 예정이라고 합니다.

(3) A: 어, 왜 저쪽은 사람들이 못 다니게 길을 막아 놓은 거예요?

B: 저쪽으로 가면 청와대가 있거든요. 청와대 근처는 ________________ 이/가 삼엄해서 접근이 어려워요.

(4) A: 어제 백화점에 갔는데 장바구니를 나누어 주더라고요.

B: 저도 받았어요. 요즘 비닐봉지 사용으로 인한 환경 오염 ________________ 을/를 위해 백화점마다 장바구니 사용하기 캠페인을 벌이고 있거든요.

(5) A: 사라 씨, 무슨 일 있었어요? 왜 이렇게 늦게 왔어요?

B: 미안해요. 교통사고가 나서 길이 너무 막히더라고요. 오다가 사고 현장을 목격했는데 그 ________________ 이/가 차마 눈뜨고 볼 수 없을 만큼 끔찍했어요.

(6) A: 최 기자, 오늘 아침 강 하류에서 물고기가 떼죽음을 당한 채 발견되었다면서요?

B: 네. 조사 결과, 어젯밤 근처의 한 공장에서 ________________ 을/를 정화하지 않고 방류했기 때문인 것으로 밝혀졌습니다.

2. 알맞은 것을 골라 대화를 완성하세요.

감시하다	거대하다	낙심하다	어리석다	끈질기다	무분별하다	보잘것없다

(1) A: 루이가 1년 넘게 짝사랑해 온 여자와 드디어 사귀기로 했대요.

B: 정말요? 그 여자는 루이에게 별로 관심이 없다고 들었었는데요.

A: 네. 그런데 루이의 ______________ 구애에 그 여자도 마음을 열게 됐나 봐요.

(2) A: 요즘 강이나 산이나 할 것 없이 환경 개발이 지나치게 이루어지는 것 같아요.

B: 맞아요. 인간이 환경을 ______________ 개발하는 것이 가장 심각한 환경 문제인 것 같아요.

(3) A: 엄마, 저기 있는 꽃이 정말 예뻐요. 꺾어서 집에 가져가고 싶어요.

B: 아무리 작고 ______________ 것이라도 모두 다 소중한 생명이니까 꺾지 말고 그냥 보자.

(4) A: 태풍이 지금 제주도를 지나고 있는데요. 지금 제주도의 상황은 어떻습니까?

B: 네. 지금 이곳에는 거센 바람이 불고 있으며 높이 20미터에 달하는 ______________ 파도가 계속 해안으로 밀려들고 있습니다.

(5) A: 고속 도로에 차가 별로 없어서 생각보다 빨리 도착할 수 있겠는데요.

B: 속도를 좀 낮추는 게 어때요? 고속 도로에도 과속 운전을 하는 사람들을 ______________ 위해서 곳곳에 카메라가 설치되어 있거든요.

(6) A: 수진이가 오랫동안 준비해 온 시험에서 떨어져서 힘들어한다면서? 친구들이 전화를 해도 안 받는대.

B: 그래도 수진이는 지나간 일에 계속 연연하는 ______________ 사람이 아니니까 금방 기운을 차릴 수 있을 거야.

(7) A: 선생님, 아무리 열심히 한국어를 공부해도 실력이 늘지 않아서 속상해요.

B: 외국어를 배우다 보면 그렇게 힘든 시기가 오기 마련이에요. 그러니까 ______________ 열심히 공부하세요. 그러면 어느 순간에 실력이 많이 향상되어 있을 거예요.

3. 알맞은 것을 골라 문장을 완성하세요.

물이 들다	가뭄이 들다	의심이 들다

(1) 비가 오지 않아 ______________________ 농업에 큰 피해를 주는 것은 물론이고 심하면 식수마저 부족해질 수 있다.

(2) 청바지와 흰옷을 세탁기에 넣고 한꺼번에 돌렸더니 하얀색 티셔츠에 파랗게 ____________ ______________.

(3) 어린아이가 마치 어른이 쓴 듯이 글을 잘 써 와서 과연 이 아이가 쓴 글이 맞을까 하는 ____ _________________.

4. 알맞은 속담을 골라 대화를 완성하세요.

산 넘어 산이다	금강산도 식후경이다	사공이 많으면 배가 산으로 간다

(1) A: 지은 씨, 얼마 전에 프로젝트를 마무리했는데 이번에 더 큰 프로젝트를 맡게 되었다면서요?

B: 네. ____________________________________ 일이 정말 끝이 없네요.

(2) A: 이번 축제 때 너희 동아리에서 노래 공연을 한다며? 무슨 노래를 할지 결정했어?

B: 말도 마. ______________________________________ 각자 자기가 하고 싶은 노래만 고집해서 아직 정하지도 못했어. 이러다가 공연이나 제대로 할 수 있을지 모르겠어.

(3) A: 많이 먹어 두자. 배가 불러야 여행도 제대로 할 수 있거든.

B: 맞아. ____________________________________ 배가 고프면 뭘 해도 짜증만 나더라. 우리 이거 먹으면서 어디에 갈지 생각해 보자.

준비합시다

01 (이)야말로

1. 알맞은 것을 골라 대화를 완성하세요.

대학 시절	신제품 개발	지구 온난화

(1) A: 박사님, 기업들이 불경기를 극복할 수 있는 방법은 무엇이라고 생각하십니까?

B: ____________________ 요즘처럼 경제가 어려운 상황에서 기업이 살아남을 수 있는 유일한 길이라고 생각합니다.

(2) A: 세계 곳곳에서 기상 이변이 일어나고 있는데요. 그 원인은 무엇입니까?

B: 여러 가지가 있겠지만 ____________________ 기상 이변을 일으키는 가장 큰 원인이라고 할 수 있습니다.

(3) A: 지금부터 총장님의 환영사가 있겠습니다.

B: 우리 학교에 오신 것을 환영합니다. ____________________ 자신의 꿈을 위해 능력을 키울 수 있는 가장 좋은 때입니다. 후회 없는 4년을 보내시기 바랍니다.

2. 알맞은 것을 골라 문장을 완성하세요.

살다	깨닫다	경청하다

(1) 자신의 부족한 부분을 ____________________ 성숙으로 가는 첫걸음이라고 할 수 있다.

(2) 대화를 할 때 귀를 기울여 상대방의 말을 ____________________ 그 사람의 마음을 열 수 있는 열쇠이다.

(3) 나는 시골에서 생활하면서 자연 속에서 이웃과 더불어 ____________________ 진정한 행복임을 알게 되었다.

02 -기 나름이다

1. 알맞은 것을 골라 대화를 완성하세요.

꾸미다	해석하다	마음먹다	사용하다

(1) A: 어제 기사를 봤는데 하나의 사건에 대해서 신문마다 다 다르게 보도했더라고요.

B: 같은 사건도 ______________________ 신문사에 따라 다를 수 있지요.

(2) A: 어제 수진 씨 봤어요? 평소와 달리 정장을 입었을 뿐인데 전혀 달라 보이더라고요.

B: 저도 깜짝 놀랐어요. 역시 여자는 ______________________.

(3) A: 또 먹어? 다이어트를 시작했다더니 작심삼일로 끝나는 거야?

B: 식욕을 참기가 너무 힘들어. 모든 일은 ______________________ 하지만 다이어트는 예외인 것 같아.

(4) A: 이 자동차는 아버지가 타시다가 얼마 전에 저한테 주신 건데요. 산 지 20년이 넘었어요.

B: 그런데 아직도 이렇게 멀쩡해요? 역시 자동차의 수명은 ______________________.

2. 알맞은 것을 골라 문장을 완성하세요.

책	아이	사람

(1) 일반적으로 아들이 딸보다 활동적일 거라고 생각하는 경향이 있는데 그것도 ______________________.

(2) 한국에 처음 왔을 때만 해도 한국 사람들의 성격이 급하다고 생각했었는데 시간이 지나면서 그것이 ______________________ 것을 알게 되었다.

(3) 사람들은 유명 소설가의 작품이라면 모두 작품성이 뛰어날 거라고 생각하기 십상이지만 그것은 ______________________. 막상 읽어 보면 실망스러운 것도 있다.

03 (이)나마

1. 알맞은 것을 골라 문장을 완성하세요.

전화	교통편	목소리	먼발치

(1) 아버지는 돌아가시기 전에 멀리 유학을 가 있는 막내딸을 찾으셨다. 그리고 얼굴을 볼 수 없다면 ____________ 듣고 싶다고 하셨다.

(2) 우리 집은 학교에서 1시간이 넘게 걸린다. 그래도 지하철을 타면 갈아타지 않고 갈 수 있다. 집은 멀지만 ____________ 편해서 정말 다행이다.

(3) 내일은 어머니의 생신이다. 유학 중이라서 어머니를 찾아뵐 수는 없지만 ____________ 축하를 드려야겠다.

(4) 그는 그녀를 좋아했지만 용기가 없어서 가까이 다가가지 못하고 ____________ 그녀를 바라보는 것으로 만족할 수밖에 없었다.

2. 알맞은 것을 골라 대화를 완성하세요.

작다	간략하다	희미하다

(1) A: 유키, 이 선물은 뭐야? 어머니께 드리려고 샀어?

B: 아니. 하숙집 아주머니께 드리려고 산 거야. 아주머니가 지난 1년 동안 따뜻하게 보살펴 주셨거든. ____________ 성의를 표현하고 싶어서 샀어.

(2) A: 의원님, 이번에 16대 국회의원으로 당선되신 것을 축하드립니다. 시청자 여러분께 당선 소감을 ____________ 말씀해 주시면 감사하겠습니다.

B: 네. 저를 뽑아 주신 국민 여러분이 실망하시지 않게끔 최선을 다하겠습니다.

(3) A: 이거 우리가 대학교 때 유행하던 노래 아니야? 오랜만에 들으니까 진짜 좋다.

B: 맞아. 그때 유행하던 노래를 들으면 그 시절의 기억이 ____________ 떠오르는 것 같아.

말해 봅시다

1. 다음 물음에 답하세요.

(1) 지구 온난화의 심각성을 어떻게 말할까요?

A: 이 기사 좀 보세요. 빙하가 녹아서 북극곰이 살 곳을 점차 잃어 가고 있대요.
B: 정말요? ______________________________.

① 지구 온난화가 심각해지는 원인은 이산화탄소 때문이에요

② 지구 온난화가 더욱 심해지기 전에 해결 방법을 찾아야겠네요

③ 북극곰이 살 곳을 잃을 정도면 지구 온난화가 얼마나 심각하다는 말이겠어요

(2) 환경 보호를 위해서 실천이 중요하다는 것을 어떻게 말할까요?

A: 저는 바쁠 때는 컴퓨터를 켜 놓고 그냥 외출할 때가 많은데요. 앞으로는 그런 습관을 버려야겠어요.
B: 맞아요. ______________________________.

① 실천을 강조하는 환경 캠페인을 본 적이 있어요

② 아는 것을 실천해야만 환경 문제를 해결할 수 있어요

③ 말만 하고 실천으로 옮기지 않는 사람이 셀 수 없이 많아요

(3) 뒤늦은 후회는 소용없다는 것을 어떻게 말할까요?

A: 아는 것을 실천으로 옮기는 것이야말로 환경 문제를 최소화할 수 있는 최선의 방법인 것 같아요.
B: ______________________________.

① 환경이 다 오염되고 후회해 봤자 아무 소용없으니까요

② 환경 보호를 위해 별로 관심을 기울이지 않은 게 후회가 돼요

③ 환경이 이미 오염돼서 노력해도 소용없다고 생각하는 사람이 많아요

2. 다음 대화를 읽고 물음에 답하세요.

지은 이 기사 좀 봐. 매연 때문에 대도시에 호흡기 질환 환자가 급증하고 있대.

루이 정말이야? 호흡기 질환 환자가 그렇게 늘어날 정도면 대기 오염이 얼마나 심하다는 말이겠어.

지은 그러게 말이야. 그런데 이런 기사를 접하고도 환경을 보호하려고 노력하기는커녕 환경 문제에 관심조차 기울이지 않는 사람들이 부지기수인 것 같아.

루이 맞아. 그런데 나도 이런 기사를 볼 때마다 자가용 이용을 줄여야지 생각은 하는데 습관을 고치기가 여간 어렵지 않더라고.

지은 나도 그래. 심지어 가까운 곳에 갈 때도 자동차를 끌고 나가게 되는 거 있지. 앞으로는 가까운 곳에 가는 경우라면 운동도 할 겸 기름 값도 아낄 겸해서 걸어 다녀야겠어.

루이 나도 부득이한 경우가 아니라면 ⓐ<u>가능한 한</u> 대중교통을 이용하는 습관을 들여야겠어.

지은 맞아. 아는 것을 실천으로 옮기는 것이야말로 환경 문제를 최소화할 수 있는 최선의 방법인 것 같아.

루이 그래. 환경이 오염되고 나서 후회하면 ⓑ<u>뭐 하겠어?</u>

(1) ⓐ와 바꾸어 쓸 수 있는 표현은 무엇입니까?

① 되니까

② 될 수 없으면

③ 될 수 있는 대로

(2) ⓑ와 **<u>다른</u>** 의미로 사용된 것은 무엇입니까?

① 세 가지 중 한 가지만 선택할 수 있다면 너는 <u>뭐 하겠어?</u>

② 다이어트를 해서 예뻐진다고 하더라도 건강을 잃으면 <u>뭐 하겠어?</u>

③ 단어로 문장을 만들 수 있어야지 단어만 많이 외워 봤자 <u>뭐 하겠어?</u>

(3) 대화의 내용과 같은 것은 무엇입니까?

① 지은은 멀지 않은 곳에 갈 때는 걸어 다니는 습관을 가지고 있다.

② 루이는 환경을 위해 자신의 습관을 고쳐야겠다는 생각을 해 본 적이 없다.

③ 지은과 루이는 환경을 보호하기 위해 잘못된 습관을 고치겠다고 마음을 먹었다.

읽어 봅시다

다음은 환경 보호에 대한 연설문입니다. 읽고 물음에 답하세요.

물 부족 사태, 결코 남의 일이 아닙니다

안녕하십니까? 저는 환경 운동가 김도훈입니다. 여러분, 오늘이 무슨 날인지 아십니까? 3월 22일은 유엔(UN)에서 지정한 '세계 물의 날'입니다. 물의 날을 맞이하여 오늘 저는 물 부족의 심각성과 이를 막기 위해 우리가 생활 속에서 어떻게 해야 하는지에 대해 말씀드리고자 합니다.

수도꼭지만 틀면 언제든지 물이 콸콸 나오고 단돈 1,000원이면 어디에서든지 생수를 사서 마실 수 있는 나라가 바로 우리나라 한국입니다. 그렇다면 한국은 물 부족과는 거리가 먼 나라일까요? 그렇지 않습니다. 얼마 전 경제협력개발기구(OECD)가 발표한 보고서에 따르면 한국이 2050년에 심한 '물 스트레스'를 겪는 나라 중 하나가 될 것이라고 예측하고 있습니다.

그러면 물 부족 사태를 막기 위해서 우리는 어떻게 해야 할까요? 무엇보다도 한 사람 한 사람이 물을 아껴 쓰는 습관을 생활화해야 합니다. 그 첫 번째 방법으로는 변기 물을 절약하는 것입니다. 가정에서 사용되는 물의 1/4은 변기 물을 내리는 데에 사용된다고 합니다. 변기 수조에 물을 채운 페트병을 넣어서 사용하면 20% 절수가 가능하며 변기 수조를 절수형으로 교체하면 50%나 절수되는 효과를 볼 수 있습니다. 또한 설거지를 할 때 물을 틀어 놓는 습관을 가지신 분들은 수도꼭지를 잠그고 설거지통에 물을 받아서 하는 습관을 길러 보십시오. 설거지통을 이용하면 무려 60%에 달하는 물을 아낄 수 있다고 합니다. 마지막으로 샤워 시간을 줄이는 것도 피부가 덜 건조해지고 물도 절약할 수 있는 일석이조의 방법입니다.

물 부족 사태를 막기 위해 우리가 생활 속에서 실천할 수 있는 일들은 생각보다 다양합니다. 조금만 관심을 기울인다면 불필요한 물의 사용을 최소화할 수 있습니다. 여러분, 2050년에 물 부족으로 우리가 고통을 받게 될지 아닐지는 지금부터 노력하기 나름입니다. 생활 속의 작은 실천이야말로 환경을 보호할 수 있는 최선의 방법입니다. 우리의 작은 노력과 실천이 환경 보호에 조금이나마 도움이 되기를 바라는 마음으로 최선을 다하도록 합시다. 감사합니다.

(1) 이 글의 주제로 알맞은 것은 무엇입니까?

① 수질 오염을 최소화해야 한다.

② 물이 부족한 나라들을 도와주어야 한다.

③ 물 부족을 막기 위해 우리 모두 노력해야 한다.

(2) 이 글에 나온 내용은 무엇입니까?

① 세계의 물 부족 현황

② 한국의 물 부족에 대한 예측

③ 물 부족을 막기 위한 정부의 노력

(3) 물 부족을 막기 위한 방법을 찾아 쓰세요.

① 변기 물을 절약해야 한다.

② ______________________________

③ ______________________________

(4) 글의 내용과 같은 것은 무엇입니까?

① 한국은 물 부족에 대해 우려할 필요가 없는 나라이다.

② 설거지할 때 설거지통을 사용하면 1/4의 절수 효과가 있다.

③ 변기 수조에 물을 채운 병을 넣어서 사용하면 물을 1/5 정도 절약할 수 있다.

메모

써 봅시다

다음은 자연을 통해 깨달은 점입니다. 다음을 읽고 자연에 대한 수필을 완성하세요.

깨달은 점	· 물방울 속에서 허우적거리는 개미의 모습에 우리의 모습이 겹쳐짐 · 태풍의 피해를 입은 사람들의 모습이 보이는 것 같았음 · 우주 전체로 본다면 아무리 센 태풍이라도 물 한 방울에 불과할 것임 · 자연 앞에서는 개미나 인간이나 한없이 작은 존재임

물방울 속 개미

내가 기상 캐스터가 된 후 여름마다 기록적인 태풍과 호우 피해가 있었다. 여름휴가도 못 가고 밤을 새우며 재해 방송을 해야 했지만 나를 힘들게 한 것은 고된 업무와 일정이 아니었다. 가족과 집을 잃어 슬퍼하는 수재민들을 위해서 내가 할 수 있는 일이 아무것도 없다는 것이었다.

그렇게 전쟁 같은 여름을 보내고 있던 어느 날, 우연히 물방울에 갇힌 개미 한 마리를 보게 되었다. 개미는 있는 힘을 다해 물방울에서 빠져나오려고 하지만 제 힘으로는 도저히 빠져나오지 못하고 있었다.

____

____

____

____

____

이 여름이 끝나기 전에 나는 이미 가족이나 집을 잃은 사람들에게 더 나쁜 소식을 전해야 할지도 모른다. 나는 거대한 자연에게 기대하고 또 기대해 본다. 오늘은 부디 맑음이기를…….

토의해 봅시다

다음은 환경 보호 활동에 대한 토의의 한 부분입니다. 읽고 물음에 답하세요.

A: 주변을 둘러보면 밝은 대낮에도 불을 켜 놓은 경우가 부지기수입니다. 이렇게 환한 낮에 불을 켜 놓는 것은 전력 낭비일뿐더러 지구 온난화를 일으키는 원인도 되므로 저는 '낮에는 가능한 한 불을 끄자'는 환경 보호 활동을 하고 싶습니다. 저희 기숙사에는 많은 학생들이 살고 있는데요. 기숙사 학생들에게 '낮에는 불을 끕시다!'라는 문구가 적힌 스티커를 나누어 주고 형광등 스위치 옆에 붙이게 할 계획입니다.

B: 저는 무분별한 일회용품 사용이 가장 시급한 문제라고 생각합니다. 특히 커피숍에 가면 머그잔으로 커피를 마시는 사람을 보기가 힘들 정도로 많은 사람들이 일회용 컵을 사용하고 있습니다. 그래서 저는 커피숍에서 커피를 마실 때는 되도록 머그잔을 사용하자는 캠페인을 벌이고 싶습니다. 그래서 경각심을 일깨워 줄 수 있는 포스터를 제작해 학교 근처에 위치한 커피숍에 붙일까 생각 중입니다.

(1) A에 대한 설명으로 맞는 것은 무엇입니까?

① 낮에 불을 켜 놓는 것이 잘못된 행동이라고 생각하지 않는다.

② 기숙사 학생들을 대상으로 한 환경 보호 활동을 계획하고 있다.

③ 낮에 불을 켜 놓지 않으면 지구 온난화가 완전히 해결될 거라고 믿는다.

(2) B가 주장하고 있는 것은 무엇입니까?

① 건강을 위해 커피를 마시는 횟수를 줄여야 한다.

② 커피숍에서 커피를 마실 때는 머그잔에 마셔야 한다.

③ 커피숍에서 일회용 컵을 못 쓰게 하는 법이 마련되어야 한다.

(3) B가 만들 포스터에 들어갈 문구로 알맞지 <u>않은</u> 것은 무엇입니까?

① 종이컵이 자연으로 돌아가기까지는 20년 이상이 걸립니다.

② 당신의 손에 들려 있는 머그잔에 우리의 미래가 달려 있습니다.

③ 일회용 컵을 재활용할 수 있게끔 잘 분리해서 버리도록 합시다.

제 8 과 매체와 사회

어휘

1. 알맞은 것을 골라 대화를 완성하세요.

호평	고용	정착	무단	인지도	인신공격

(1) A: 요즘 실업률이 점차 낮아지고 있다고 하네요.

B 네. 뉴스에서 보니까 경기가 좋아짐에 따라 기업들이 ________________ 을/를 늘리고 있대요.

(2) A: 요즘은 정말 기발하고 재미있는 TV 광고들이 많은 것 같아.

B: 광고가 그 기업의 ________________ 을/를 높이는 데에 큰 역할을 하니까 광고를 중시하는 거지.

(3) A: DVD 불법 복제가 여전히 계속되고 있는데 영화 산업에서는 그 피해가 상당하지요?

B: 네. DVD ________________ 복제로 인한 피해가 한 해 7천억 원대에 이른다고 합니다.

(4) A: 올바른 선거 문화를 위해 선거 후보자들이 꼭 지켜야 할 사항은 무엇입니까?

B: 가장 중요한 것은 다른 후보에 대해 ________________ 을/를 하거나 허위 사실을 유포하지 말아야 한다는 것입니다.

(5) A: 이번에 개봉한 영화 〈아내〉에서 신인 배우 김도진 씨가 좋은 연기를 보여 주었다면서요?

B: 네. 김도진 씨는 이번 작품에서 아내의 죽음에 가슴 아파하는 남편 역할을 잘 소화했다는 ________________ 을/를 받았습니다.

(6) A: 은수 씨, 오늘 차 안 가져왔어요?

B: 네. 저도 요즘 승용차 요일제에 동참하고 있어요. 승용차 요일제가 빨리 ________________ 이/가 되면 교통 문제 해결에 도움이 될 것 같아서요.

2. 알맞은 것을 골라 대화를 완성하세요.

조르다	우기다	유출되다	핼쑥하다	파헤치다	호소하다	막대하다

(1) A: 민수 엄마, 주말에 날씨도 좋았는데 어디 가족 여행이라도 다녀왔어요?

B: 아이가 놀러 가자고 하도 ________________ 가까운 동물원에 갔다 왔어요.

(2) A: 어제 TV에 영화배우 박현민이 오랜만에 나왔는데 살이 많이 빠졌더라고요.

B: 나도 봤어요. 그런데 얼굴이 많이 ________________ 안쓰러워 보였어요.

(3) A: 인터넷 뱅킹은 정말 편한 것 같아.

B: 그렇기는 하지만 인터넷 뱅킹을 할 때는 계좌 번호나 비밀번호 같은 금융 정보가 ________________ 조심해야 해.

(4) A: 다음 달에 시작하는 주말 드라마에 대한 반응이 벌써부터 뜨겁던데요.

B: 네. 유명 배우들이 출연할 뿐만 아니라 130억 원이라는 ________________ 제작비를 들인 것으로 화제가 되고 있어요.

(5) A: 오늘 토론 수업 어땠어?

B: 어떤 친구가 다른 사람의 의견은 들으려고 하지 않고 무조건 자기주장만 옳다고 ________________ 토론이 잘 안 됐어.

(6) A: 경제적으로 어려운 시민들을 위해 무료로 변호해 주고 계시다면서요?

B: 네. 저희 단체는 억울한 일을 당해도 ________________ 곳이 없는 시민들을 위해서 무료 상담 및 변호를 해 드리고 있습니다.

(7) A: 이번에 새로 개봉되는 영화 〈추격자〉는 어떤 영화입니까?

B: 살인 사건의 진실을 ________________ 한 남자에 대한 이야기입니다. 영화를 보는 내내 스크린에서 눈을 뗄 수 없을 겁니다.

3. 알맞은 것을 골라 문장을 완성하세요.

틈을 타다	방송을 타다	수줍음을 타다

(1) 조사를 받고 있던 범인은 경찰의 감시가 소홀한 ________________ 도주했다.

(2) 지난주에 독거노인의 이야기가 ________________ 이후에 홀로 사는 노인들에 대한 시민들의 관심이 높아졌다.

(3) 이 책은 친구를 사귀고 싶지만 친구에게 쉽게 다가가기 어려워하거나 ________________ 자녀를 둔 부모들이 읽을 만한 책이다.

4. 알맞은 속담을 골라 대화를 완성하세요.

등잔 밑이 어둡다	꿩 구워 먹은 소식이다	아니 땐 굴뚝에 연기 날까

(1) A: 인사과 최은식 대리랑 김유리 씨가 사귄다는 게 사실이야?

B: 글쎄. ________________________? 두 사람이 꽤 다정해 보이는 게 보통 사이가 아닌 것 같아.

(2) A: 동창회 모임이 다음 주로 연기됐다고 했지? 사라가 바뀐 날짜를 전화로 다시 알려 준다고 하지 않았어?

B: 맞아. 곧 연락해 준다더니 ________________________.

(3) A: 이 식당 어때요? 값도 싸고 맛있지요? 집 근처에 이렇게 괜찮은 음식점이 있는 줄 미처 몰랐네요.

B: 그러게요. ________________________ 저도 오늘에서야 알았어요. 종종 같이 와요.

준비합시다

01 -아/어 대다

1. 알맞게 대화를 완성하세요.

짖다	부르다	잔소리하다

(1) A: 오늘 시험이잖아요. 시험공부는 많이 했어요?

B: 많이 하기는요. 어제 옆집 강아지가 밤늦게까지 ________ 공부에 집중할 수가 없었어요.

(2) A: 황수찬 씨, 왜 이렇게 일찍 퇴근해요? 집에 무슨 일이 있어요?

B: 오늘은 좀 일찍 퇴근해서 아이와 시간을 보내려고요. 아내가 아이와 놀아 주라고 걸핏하면 ________.

(3) A: 별명을 부르지 말라고 몇 번이나 말했는데 민우는 왜 자꾸 내 별명을 ________ 모르겠어.

B: 네가 편해서 그러는 걸 거야. 그러니까 좀 참아.

2. 알맞은 것을 골라 문장을 완성하세요.

조르다	놀리다	떠들다	두드리다

(1) 한참 자고 있었는데 누군가가 문을 ________ 소리에 깜짝 놀라 잠에서 깼다.

(2) 박물관에 단체로 관람을 온 학생들이 어찌나 ________ 정신이 하나도 없었다.

(3) 그 사람은 상대방이 조금만 실수를 해도 깔깔거리고 웃으면서 ________ 나쁜 버릇이 있다.

(4) 어제 다섯 살짜리 조카를 데리고 백화점에 갔는데 장난감을 사 달라고 ________ 할 수 없이 사 주었다.

02 -(으)려야

1. 알맞은 것을 골라 대화를 완성하세요.

믿다	붙잡다	쫓아가다

(1) A: 루이는 항상 무슨 급한 일이 있는 사람 같아. 걸음이 꽤 빠르지?

B: 정말 그래. 루이와 같이 걸어간 적이 있는데 어찌나 걸음이 빠르던지 ______________________________.

(2) A: 언니, 다음 주에 용돈을 받으면 갚을 테니까 5만 원만 빌려 줘.

B: 또? 너는 항상 갚는다고 말만 하잖아. 네가 그렇게 번번이 약속을 어기니까 ______________________________.

(3) A: 이렇게 힘들어할 거였으면서 그 남자하고 왜 헤어진 거야?

B: 그 사람과 헤어지는 게 그 사람을 위한 길인 것 같아서 ______________________________.

2. 알맞은 것을 골라 문장을 완성하세요.

떼다	입다	감추다	운전하다

(1) 어떤 사람을 좋아하면 그 마음을 ______________________________.

(2) 아침에 안개 때문에 ______________________________ 것 같아서 차를 두고 출근했다.

(3) 어제 TV에 영화배우 장민호가 나왔는데 너무 잘생겨서 텔레비전에서 눈을 ______________________________.

(4) 살이 갑자기 찌는 바람에 작년에 입던 옷을 ______________________________ 새로 옷을 사야 할 것 같다.

03 -다시피 하다

1. 알맞은 것을 찾아 연결하고 문장을 완성하세요.

이유	행동
보기 일이 산더미처럼 쌓였다	일주일 내내 야근했다
(1) 남자 친구가 아직 학생이다	① 옷을 거의 다 버렸다
(2) 옷을 정리하다 보니까 유행이 지난 옷이 많았다	② 요즘 매일 점심을 굶다
(3) 제출일이 임박한 보고서를 작성하느라 밥 먹을 시간도 없다	③ 직장인인 내가 데이트 비용을 다 내다

보기 일이 산더미처럼 쌓여서 일주일 내내 야근하다시피 했다.

(1) ____________________.

(2) ____________________.

(3) ____________________.

2. 알맞은 것을 골라 문장을 완성하세요.

기다	망하다	잠기다

(1) 요 며칠 사이에 비가 너무 많이 와서 온 마을이 물에 ____________________.

(2) 은수는 사업이 거의 ____________________ 가게 문을 닫을 수밖에 없었다.

(3) 가파른 산길을 ____________________ 올라가니까 눈앞에 아름다운 경치가 펼쳐졌다.

말해 봅시다

1. 다음 물음에 답하세요.

(1) 댓글로 다른 사람에게 상처를 줄 가능성에 대해 생각해 본 적이 있다는 것을 어떻게 말할까요?

A: 악성 댓글에 시달리는 것은 연예인만의 문제인 줄 알았는데 요즘은 일반인들도 정신적 피해를 입는 사람들이 많대요.
B: 사실은 저도 다른 사람에게 ______________________.

① 마음의 상처를 준 적이 없다고 생각해요

② 마음의 상처를 줄 수 있다고 생각해 본 적이 없어요

③ 마음의 상처를 줄 수 있을 거라는 생각을 해 본 적이 있어요

(2) 댓글로 다른 사람들에게 상처를 주게 되는 원인을 어떻게 말할까요? 알맞지 **않은** 것은 무엇입니까?

A: 악성 댓글로 상처를 받는 사람들이 많아지고 있다니 좀 걱정이네요.
B: ______________________.

① 그게 다 인신공격성 글을 마구 올려 대는 사람들이 있기 때문이지요

② 왜 그렇게 인신공격성의 글을 올려 대는지 도무지 이해할 수가 없어요

③ 그 원인을 따져 보면 함부로 인신공격성의 글을 올려 대는 사람들이 있어서예요

(3) 자신도 댓글의 피해자가 될 수 있음을 어떻게 말할까요?

A: 국내 인터넷 이용자의 절반 이상이 악성 댓글 때문에 피해를 입은 경험이 있대요.
B: 그래요? 생각보다 많네요. ______________________.

① 저도 댓글로 인한 피해로부터 예외는 아니겠지요

② 이야기를 듣다 보니 저도 댓글로 인한 피해를 입은 것 같네요

③ 아무리 생각해 봐도 댓글로 인한 피해가 남의 얘기인 듯하네요

2. 다음 대화를 읽고 물음에 답하세요.

사오리 아니, 메이닝 씨. 아까부터 어디에 그렇게 전화를 하고 있어요?

메이닝 사오리 씨, 왔어요? 얼마 전에 인터넷에서 신발을 싸게 구입했는데 신발에 하자가 있어서 쇼핑몰에 전화하고 있었어요. 그런데 계속 통화가 안 되네요.

사오리 그래요? 제가 의심이 많은 건지는 몰라도 저는 직접 입거나 신어 보지 못하는 인터넷 쇼핑몰은 ⓐ________________.

메이닝 왜요. 클릭만 하면 물건을 살 수 있으니까 얼마나 편해요.

사오리 그렇기는 하지요. 그런데 얼마 전에 인터넷 쇼핑 만족도에 대한 설문 조사를 보니까 가격에 비해 상품의 질이 떨어져 불만이라고 응답한 사람들이 과반수를 넘더라고요. 그걸 본 이후로는 더 그렇더라고요.

메이닝 사실은 저도 인터넷 쇼핑으로 질이 낮은 상품을 구입할 수도 있겠다는 생각을 안 해 본 건 아니에요. 그런데 많은 사람들이 실제로 그런 불만을 가지고 있다니 좀 걱정이 되네요.

사오리 그게 다 허위, 과장 광고를 해 대는 쇼핑몰들이 있기 때문이지요. 그러니까 인터넷에서 쇼핑할 때 신중하게 해야 할 것 같아요.

메이닝 사오리 씨의 이야기를 듣다 보니 저도 인터넷 쇼핑으로 인한 피해로부터 예외는 아닌 것 같네요. 저도 앞으로는 더 신중히 생각하고 사야겠어요.

사오리 그러는 게 좋겠어요. 이번에도 쇼핑몰과 연락이 돼서 교환을 하든지 환불을 받든지 빨리 해결됐으면 좋겠네요.

(1) ⓐ에 들어갈 수 **없는** 말은 무엇입니까?

① 좀 그렇던데　　② 왠지 꺼림칙하던데　　③ 역시 믿음이 가던데

(2) 두 사람이 공통적으로 말한 인터넷 쇼핑의 문제점은 무엇입니까?

① 허위 광고에 속아 충동적으로 물건을 구입하게 된다.

② 가격에 비해 질이 낮은 상품을 구매하게 되는 경우가 있다.

③ 사이즈가 맞지 않는 상품이라도 교환이나 환불이 되지 않는다.

(3) 대화의 내용과 같은 것은 무엇입니까?

① 사오리는 인터넷 쇼핑의 편리함을 전혀 인정하지 않고 있다.

② 메이닝은 인터넷에서 구입한 상품의 문제를 해결하지 못하고 있다.

③ 두 사람은 인터넷 쇼핑으로 인해 같은 유형의 피해를 입은 적이 있다.

읽어 봅시다

다음은 한국 영화에 대한 설명문입니다. 읽고 물음에 답하세요.

한국 영화의 황금기

1903년 한국에 최초로 영화가 들어와 상영되고 1919년 처음으로 영화가 제작된 이래 한국 영화는 꾸준히 발전해 왔다. 특히 1950년대 후반부터 1960년대 사이, 그리고 1990년대 후반부터 현재까지를 한국 영화의 황금기라고 부르는데 이 시기에 한국 영화는 눈에 띄는 발전을 이루어 냈다.

1950년대 중반까지만 해도 한국에서는 전쟁의 여파로 경제적으로나 기술적으로 영화를 제작할 여건이 갖추어지지 않아 소수의 영화만이 만들어질 뿐이었다. 그러나 1950년대 후반에 들어서 사회가 점차 안정됨에 따라 영화 제작도 활발해졌다. 1960년대 초반에 전문적인 영화 제작 기술과 운영 체계를 갖춘 영화사가 본격적으로 영화를 제작하기 시작하면서 10년 동안 무려 1,981편이나 되는 영화가 만들어졌다. 이렇게 단기간에 한국 영화 산업이 발전하게 된 데에는 정부의 역할이 컸다. 정부에서 해외 영화 수입을 제한하고 한국 영화 제작을 권장하는 정책을 폈던 것이다. 이로 인해 멜로 영화, 공포 영화뿐만 아니라 전쟁과 역사적 사건을 소재로 한 다양한 영화가 제작되며 한국 영화의 황금기를 맞이하게 되었다.

하지만 1970년대로 가면서 영화 산업은 점차 내리막길을 걷게 된다. 컬러 TV가 보급되고 다양한 여가 활동이 가능해지면서 영화관을 찾는 사람들이 줄어들었기 때문이다. 그러다가 1999년에 한국형 블록버스터 영화의 시초라고 할 수 있는 〈쉬리〉가 등장하면서 다시 한 번 한국 영화 산업은 황금기를 맞이하게 된다. 24억 원의 제작비가 투입되고 3천여 명의 엑스트라가 출현한 〈쉬리〉는 620만 명의 관객을 동원했는데, 이는 한국인 7명 중 1명이 보다시피 한 것으로 당시 한국 영화로서는 엄청난 흥행 기록이었다. 이를 계기로 영화도 수익 산업이라는 인식이 커지면서 대기업이 영화에 투자를 하거나 영화 제작에 직접 참여하기 시작했다. 그 후 2000년대에 접어들면서 〈실미도〉, 〈태극기 휘날리며〉, 〈왕의 남자〉, 〈괴물〉 등이 1000만 관객을 돌파하며 새로운 흥행 기록을 세웠다.

한국 최초의 영화가 제작된 이후 100여 년의 세월을 거치며 발전을 거듭한 한국 영화는 이제 한국인의 생활과 떼려야 뗄 수 없는 생활의 일부가 되었다. 또한 작품의 수준이 날로 높아지면서 각종 국제 영화제에서 주목을 받으며 세계적으로도 인정을 받고 있다. 이렇듯 대중성과 작품성을 두루 갖춘 한국 영화는 앞으로도 한국을 대표하는 문화 산업의 하나로서 계속 발전해 나갈 것이다.

(1) 이 글의 전개 방식은 무엇입니까?

① 독자가 이해하기 쉽게 예를 들어 설명하고 있다.

② 보도 자료를 통해 객관적인 사실을 설명하고 있다.

③ 설명하고 있는 대상의 문제점을 차례로 열거하고 있다.

(2) 글의 내용과 **다른** 것은 무엇입니까?

① 1910년대 후반에 최초로 한국 영화가 만들어졌다.

② 1950년대 중반에는 전쟁의 영향으로 영화 제작에 어려움이 있었다.

③ 1960년대 초반에 찾아온 한국 영화의 황금기는 1970년대까지 지속되었다.

(3) 이 글에서 언급하지 **않은** 것은 무엇입니까?

① 한국 영화가 크게 발전한 시기

② 한국 영화를 발전시키기 위한 방안

③ 한국 영화가 발전하게 된 사회적 배경

(4) 각 시대와 그 시대에 나타난 한국 영화의 특징을 연결하세요.

① 1960년대 •

② 2000년대 •

• 관객이 1000만을 넘어선 영화가 나타났다.

• 전문적인 제작 기술과 운영 체계를 갖춘 영화사가 등장했다.

• 대기업이 영화에 투자를 하거나 영화 제작에 직접 참여했다.

• 정부는 한국 영화 제작을 권장하고 해외 영화 수입을 제한하는 정책을 폈다.

메모

써 봅시다

다음은 영화 속 장면과 그 장면을 통해 감독이 전하고자 하는 메시지입니다. 다음을 읽고 영화평을 완성하세요.

영화 속 장면	도심으로 돌아오지만 또다시 희망을 잃고 자살 시도를 하려고 63빌딩으로 향하는 남자 김 씨	
	남자 김 씨의 자살을 막기 위해 용기를 내어 3년 만에 집 밖으로 나와 남자에게 달려가는 여자 김 씨	
	서로의 손을 잡고 미소를 짓는 두 사람	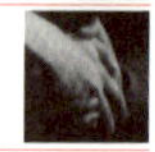
감독이 전하고자 하는 메시지	소외감을 극복하기 위해서는 상처받기를 두려워하지 말고 세상으로 나아가야 함	

영화 〈김씨 표류기〉를 보고

〈김씨 표류기〉는 사회로부터 소외된 두 사람이 희망과 사랑을 찾아가는 영화이다. 감독은 남녀 주인공의 모습을 통해 우리 사회의 인간 소외 문제를 어떻게 극복해 나갈지 그 대안을 제시하고 있다.

이 영화의 주인공인 남자 김 씨(정재영)는 자살을 하려고 한강에 뛰어들지만 실패하고 무인도와 다름없는 밤섬에 갇히게 된다. 또 다른 주인공 여자 김 씨(정려원)는 얼굴에 난 흉터 때문에 주변 사람들로부터 따돌림을 당해 3년 넘게 자신의 방 안에서만 지내고 있다. 그러던 중 인터넷으로만 세상과 소통하던 여자 김 씨가 어느 날 망원경으로 밤섬에 있는 남자를 발견하게 된다.

오늘날 개인주의가 만연함에 따라 타인에 대한 관심이 줄어들면서 사회로부터 소외된 사람들이 많아지고 있다. 또한 인터넷의 발달로 인해 다른 사람들과의 직접적인 소통조차 줄어들고 있다. 이 영화는 두 주인공을 통해 우리 사회에 만연해 있는 인간 소외를 보여 주고 있는 것이다. ______________________________

____

____

____

〈김씨 표류기〉는 현대 사회가 안고 있는 인간 소외와 소통 단절의 문제는 결국 따뜻한 사랑으로 치유할 수 있다고 말하고 있다. 그리고 갈수록 각박해져 가는 우리 사회를 다시 한 번 되돌아볼 수 있는 기회를 마련해 주고 있다.

토론해 봅시다

다음은 연예인의 사생활 보호에 대한 토론의 한 부분입니다. 읽고 물음에 답하세요.

A: 얼마 전에 인기 가수의 개인 홈페이지가 해킹을 당해 사생활이 담긴 사진들이 온라인을 통해 공개된 사건이 있었습니다. 언론에서는 연예인에 대한 사생활 침해가 도를 넘어섰다고 보도했습니다. 일부 연예인들은 인터넷에 떠도는 자신의 사진들로 극심한 스트레스에 시달리고 있다고 합니다. 저는 가수나 배우 역시 수많은 직업 중의 하나일 뿐이라고 생각합니다. 연예 활동과 사생활은 별개의 것이므로 연예인도 한 사회의 구성원으로서 사생활을 보호받을 권리가 있습니다. 그러므로 대중은 연예인의 사생활을 침범할 권리는 없습니다.

B: 저는 그렇게 생각하지 않습니다. 연예인은 대중의 사랑을 먹고 사는 직업입니다. 대중의 인기를 얻은 연예인은 일반인이 벌기 어려운 어마어마한 돈을 벌기도 합니다. 연예인은 스스로 대중 앞에 나섰고 대중의 관심과 기대에 부응해야 할 의무를 가지고 있기 때문에 대중에게 자신의 사생활이 노출되는 것을 감수해야만 합니다. 그러므로 ⓐ연예인의 사생활이 공개되는 것은 불가피하다고 생각합니다.

(1) 밑줄 친 ⓐ와 같은 내용은 무엇입니까?

① 연예인의 사생활 공개는 피해야 한다.

② 연예인은 사생활 공개를 피할 수 없다.

③ 연예인의 사생활 공개는 있을 수 없다.

(2) A의 주장을 뒷받침하기에 적절하지 **않은** 근거는 무엇입니까?

① 헌법 제17조는 '모든 국민은 사생활의 비밀과 자유를 침해받지 아니한다'이다.

② 스스로 사생활을 공개해 본인의 인지도와 시청률을 높이려는 연예인들이 많다.

③ 영화배우 김경미가 비공개로 결혼식을 올린 것에 대해서 비난하는 사람이 많다.

(3) 두 사람은 자신의 의견을 어떻게 제시하고 있습니까?

① A는 실례를 들며 자신의 의견을 주장하고 있다.

② B는 A의 의견에 자신의 의견을 덧붙여 말하고 있다.

③ B는 A의 의견에 일부 동의하면서 자신의 의견을 주장하고 있다.

제 9 과 경제와 소비 생활

어휘

1. 알맞은 것을 골라 대화를 완성하세요.

매출	불황	예산	제조	능동적	선풍적

(1) A: 사장님, 갑자기 월급을 다 올려 주시고 웬일이세요?

B: 여러분이 열심히 일한 덕분에 우리 가게 ______________이/가 늘어서 그러는 거니까 기쁘게 받아요.

(2) A: 우리 회사에서 새로 출시한 화장품에 대한 시장의 반응은 어떻습니까?

B: 요즘 소비자들 사이에서 ______________ 인기를 끌고 있습니다. 생산량을 더 늘려야 할 것 같습니다.

(3) A: 요즘 경기가 좋지 않아서 그런지 백화점에도 사람이 별로 없던데요.

B: 네. 계속되는 경제 ______________(으)로 사람들의 소비 심리가 위축되어 있대요.

(4) A: 이번에 '대한 자동차'에서 새로 만든 자동차의 성능이 매우 우수하다고 하지요?

B: 네. 최고의 자동차 ______________ 기술을 바탕으로 3년의 연구 끝에 개발한 이 자동차는 높은 평가를 받고 있습니다.

(5) A: 오염된 하수를 정화시키기 위해서 대책을 세워야 하지 않겠습니까?

B: 하수 정화 시설을 설치하려면 꽤 많은 비용이 들 것으로 예상됩니다. 따라서 먼저 충분한 ______________을/를 확보해야 합니다.

(6) A: 세계 시장의 변화를 따라가지 못해 문을 닫는 회사들도 많대요.

B: 급변하는 국제 정세에 ______________(으)로 대처하지 못하는 기업들은 경쟁에서 도태되기 마련이지요.

2. 알맞은 것을 골라 대화를 완성하세요.

과열되다	상세하다	수용하다	인하하다	좌우되다	투덜거리다	티격태격하다

(1) A: 최 기자, 요즘 집값이 많이 올랐다면서요?

B: 네. 최근 부동산 시장이 ____________ 집값이 하늘 높은 줄 모르고 상승하고 있습니다.

(2) A: 메이닝 씨는 남자 친구랑 전혀 안 싸울 것처럼 보여요.

B: 안 싸우긴요. 실은 성격이 정반대라서 사소한 일로 ____________ 때가 얼마나 많은데요.

(3) A: 팀장님, 오늘부터 행사 준비를 시작하면 되겠지요?

B: 네. 행사의 성공 여부는 시민들의 참여도에 ____________ 것이니까 시민들에게 잘 홍보하세요.

(4) A: 이 한국어 문법 책 어때? 혼자 공부할 때 참고해도 괜찮을까?

B: 응. 문법의 뜻이 아주 ____________ 설명되어 있는 데다가 예문도 많이 있어서 정말 공부에 도움이 되는 책이야.

(5) A: 이번에 정 대리와 같이 프로젝트를 진행하게 되었어요. 정 대리는 일을 잘해요?

B: 그럼요. 일을 시작하기 전에는 하기 싫다고 ____________ 막상 시작하면 맡은 일을 완벽하게 해내는 사람이에요.

(6) A: 불경기가 계속되고 있는데요. 어떤 대책이 있어야 하지 않을까요?

B: 네. 우선 경기를 활성화시키기 위해서 금리를 3.5%에서 3%로 ____________ 방법을 고려하는 중입니다.

(7) A: 인터넷이 발달함에 따라 예전에 비해 여러 나라의 문화를 쉽게 접할 수 있게 된 것 같습니다.

B: 네, 그렇습니다. 그 결과 사람들이 다른 나라의 문화를 거부감 없이 ____________ 경향이 생겼지요. 특히 각국의 대중문화를 아주 빨리 받아들이게 되었습니다.

3. 알맞은 것을 골라 문장을 완성하세요.

성과를 올리다	사진을 올리다	속력을 올리다

(1) 요즘에는 자신의 블로그에 여행을 다녀와서 찍은 ________________ 사람들이 많다.

(2) 복잡한 시내를 벗어나 시원하게 뚫린 고속 도로에 들어서자 그는 ________________ 운전하기 시작했다.

(3) 우리 회사에서는 매년 한 해 동안 높은 ________________ 직원들을 선발하여 어학연수의 기회를 제공하고 있다.

4. 알맞은 속담을 골라 대화를 완성하세요.

싼 것이 비지떡이다	같은 값이면 다홍치마이다	외상이면 소도 잡아먹는다

(1) A: 날씨도 추운데 아무 카페에나 빨리 들어가는 게 어때요?

B: 조금만 더 가면 케이크를 서비스로 주는 카페가 있으니까 거기로 가요. ________________ 말도 있잖아요.

(2) A: 여기 좀 봐. 이 운동화 진짜 싸지? 살까?

B: 어, 그런데 너무 싸지 않아? 요즘에 값이 싸다고 인터넷 쇼핑몰에서 무턱대고 샀다가 후회하는 사람들이 많대. ________________ 하잖아.

(3) A: 뉴스에서 봤는데 신용 카드로 물건을 산 다음에 카드 대금을 갚지 못하는 사람들이 많대요.

B: ________________ 그 말이 딱 맞네요. 신용 카드로 결제하면 당장 돈을 내지 않아도 되니까 사람들이 카드를 무분별하게 사용하는 것 같아요.

준비합시다

01 -(으)ㄴ/는 법이다

1. 알맞은 것을 골라 대화를 완성하세요.

깨닫다	따르다	부담스럽다

(1) A: 예전엔 안 그랬는데 한국에서 살다 보니까 가족 생각이 더 많이 나요.

B: 그렇지요? 원래 가족과 떨어져 있으면 가족의 소중함을 ______________.

(2) A: 백화점에 갔는데 직원이 계속 따라다니면서 이것저것 권해 주어서 오히려 불편했어.

B: 진짜 쇼핑하다 보면 그럴 때가 있더라. 지나친 친절은 ______________.

(3) A: 어머니, 죄송해요. 이번에 저 때문에 많이 실망하셨지요?

B: 일단 네 실수 때문에 일어난 문제부터 잘 해결해라. 자신이 한 행동에는 반드시 책임이 ______________.

2. 알맞은 것을 골라 문장을 완성하세요.

낫다	맑다	굳어지다

(1) 시련과 어려움을 겪은 뒤에 사람들은 더 강한 내면을 갖게 된다. 비 온 뒤에 땅이 ______________ 때문이다.

(2) 여럿이 함께 일을 해서 그런지 이번에는 예전보다 더 수월하게 일을 끝낸 것 같다. 역시 백지장도 맞들면 ______________.

(3) 어머니께서는 항상 형인 나에게 윗물이 맑아야 아랫물이 ______________ 동생에게 모범을 보이라고 말씀하셨다.

02 -ㄴ/는답시고

1. 알맞은 것을 골라 대화를 완성하세요.

달래다	넓히다	바쁘다

(1) A: 길에서 왜 이렇게 꽃을 많이 파나 했더니 한국에서는 오늘이 어버이날이래요.

B: 네. 저도 들었어요. 그동안 ________________ 집에 연락도 못 하고 지냈었는데 오늘은 고향에 계신 부모님께 안부 전화라도 해야겠어요.

(2) A: 이 길 양쪽에 있던 큰 나무들이 다 어디로 갔지? 한 몇십 년은 된 것 같았는데.

B: 구청에서 길을 ________________ 그 큰 나무들을 다 베어 버렸대. 다른 곳에 옮겨 심었으면 좋았을 텐데 말이야.

(3) A: 우리 아이는 한번 울기 시작하면 원하는 것을 해 주기 전에는 좀처럼 울음을 그치지 않아요. 어떻게 하면 좋을까요?

B: 평소에 아이가 울 때 아이를 ________________ 해 달라는 대로 다 해 주면 안 됩니다.

2. 알맞은 것을 찾아 연결하고 문장을 완성하세요.

행동	이유
보기 젠하오는 집안일을 전혀 안 하다	일하느라 피곤하다
(1) 민우는 잘난 척을 하는 경향이 있다	① 친한 친구이다
(2) 수진은 미나의 일에 지나치게 참견하다	② 돈을 많이 벌다
(3) 사오리는 매일 방송국 앞에서 살다시피 하다	③ 좋아하는 가수를 보겠다

보기 젠하오는 일하느라 피곤하답시고 집안일을 전혀 안 한다.

(1) ____.

(2) ____.

(3) ____.

03 -다가도

1. 알맞은 것을 골라 대화를 완성하세요.

들다	화창하다	생각하다	찬성하다

(1) A: 요즘 날씨가 왜 이렇게 변덕이 심해?

B: 그러게. 날씨가 ______________ 갑자기 비가 오고. 정말 이상해.

(2) A: 지은 씨는 결혼 안 하고 혼자 살고 싶다는 생각을 해 본 적이 있어요?

B: 있기는 하지요. 그런데 결혼하지 말까 ______________ 아기들만 보면 하고 싶어져요.

(3) A: 불우 이웃 돕기 성금을 모았던 단체의 대표가 성금을 횡령했다는군요.

B: 어려운 사람들을 도와주고 싶은 마음이 ______________ 그런 뉴스를 보면 성금을 내기 싫어져요.

(4) A: 이번 사업을 추진하자고 했던 사람들이 갑자기 입장을 바꾸는 바람에 사업을 진행하는 데에 어려움이 많다고 들었습니다.

B: 네. 사람들은 자신에게 유리하면 ______________ 불리하면 한순간에 등을 돌리기 마련이지요.

2. 알맞은 것을 골라 ◯ 하세요.

(1) 그렇게 매일 술을 (마시다가도, 마시다가는) 건강을 해치게 될 것이다.

(2) 자기의 능력만 믿고 노력하지 (않다가도, 않다가는) 좋은 결과를 얻지 못하게 된다.

(3) 성숙한 사람은 자기 의견을 (내세우다가도, 내세우다가는) 타인의 의견을 받아들일 줄 알아야 한다.

(4) 학생들은 자기네들끼리 교실에서 시끄럽게 (떠들다가도, 떠들다가는) 선생님이 오시면 조용히 했다.

말해 봅시다

1. 다음 물음에 답하세요.

(1) 일자리 찾기가 어렵다는 것을 어떻게 말할까요?

A: 취직할 만한 곳은 찾았어?
B: 아니, 아직 못 찾았어. 경기가 나쁘니까 ______________________.

① 마땅한 일자리 찾기가 그렇게 어렵지는 않더라고

② 적당한 일자리를 찾는 게 어려운 것 같지는 않더라고

③ 괜찮은 일자리를 찾는 일이 여간 어려운 게 아니더라고

(2) 취업하기 힘들다고 불평할 때 어떻게 말할까요?

A: 요즘 일자리를 알아보고 있는데 신입 사원을 뽑는 데가 많지 않더라. 정말 걱정이야.
B: 맞아. ______________________.

① 취업하기가 힘들다는 말이 맞아

② 취업하기 힘들다는 말이 안 맞는 것 같아

③ 취업하기가 이렇게 힘들다는 건 말도 안 되는 일이야

(3) 계획의 근거가 되는 당연한 사실에 대해 어떻게 말할까요?

A: 너도 요즘 취직할 곳을 알아본다고 했었지? 무슨 좋은 생각이라도 있어?
B: 나는 인턴사원으로 지원할까 해. ______________________.

① 경력을 쌓으면 취업에 유리할 리가 없잖아

② 경력을 쌓으면 취업에 유리하기 마련이잖아

③ 경력을 쌓으면 취업에 유리할지도 모르잖아

2. 다음 대화를 읽고 물음에 답하세요.

지은	사오리! 이사할 집에 놓을 가구는 잘 샀어?
사오리	아니. 물가가 올라서 싸고 좋은 가구를 사는 게 보통 일이 아니더라고. 정말 걱정이야.
지은	진짜 요즘에 물가가 너무 많이 올랐더라니까. 도대체 물가가 이렇게 비싸다는 게 말이 돼?
사오리	그러니까 내 말이. 생각 같아서는 당장이라도 사고 싶은 가구가 있긴 한데 너무 비싸서 ⓐ ______________________.
지은	뉴스에도 나왔는데 글쎄, 올해 물가가 작년보다 4%나 올랐다고 하더라. 그래서 사람들이 너 나 할 것 없이 모두 힘들대.
사오리	나만 힘든 게 아니구나. 그나저나 너도 소파를 하나 사야 한다고 했었지? 무슨 좋은 생각이라도 있어?
지은	나는 인터넷 쇼핑몰에서 살까 해. 같은 물건을 인터넷에서는 더 싸게 파는 법이잖아.
사오리	아, 그거 좋은 생각인데? 나도 그렇게 해야겠다. 직접 보고 살 수 없어서 불안하긴 하지만 어쩔 수 없지 뭐.
지은	앞으로는 이런 걱정 안 하게 물가가 안정됐으면 좋겠다. 그렇지?
사오리	그러게 말이야. 앞으로 차차 경제 상황이 나아질 거라는 전망도 있으니까 좀 기다려 보자.

(1) ⓐ에 들어갈 말로 알맞은 것은 무엇입니까?

① 사고 싶은 생각이 들어　　② 도저히 살 엄두가 안 나

③ 이번에 사려고 마음먹었어

(2) 대화의 내용과 같은 것은 무엇입니까?

① 작년에 비해 물가가 하락했다.　　② 앞으로 물가가 상승할 것으로 보인다.

③ 물가 때문에 힘들어하는 사람들이 많다.

(3) 두 사람에 대한 설명으로 맞는 것은 무엇입니까?

① 지은은 인터넷으로 제품을 구입할 계획이다.

② 사오리는 가격과 상관없이 품질이 좋은 제품을 찾고 있다.

③ 두 사람은 서로 생각이 달랐지만 점차 의견 차이를 좁히게 되었다.

읽어 봅시다

다음은 소비 심리에 대한 설명문입니다. 읽고 물음에 답하세요.

소비와 소비 심리

소비자들이 상품을 구매할 때에는 여러 가지 소비 심리가 작용한다. 그렇지만 사람들은 보통 이러한 소비 심리에 대해 잘 인식하지 못하는 경우가 많다. 소비 심리를 잘 알고 있어야 후회 없는 소비 생활을 할 수 있기 때문에 실제로 물건을 구입할 때 어떤 심리가 작용하는지 알아 둘 필요가 있다.

먼저 소비자들은 어떤 물건을 할인된 가격으로 판매한다고 하면 그 상품의 구매를 더 쉽게 결정한다. 기존의 판매 가격과 비교하여 더 낮은 가격으로 구입할 수 있다는 사실 때문에 실제로는 지출을 하는 것인데도 돈을 절약했다고 느끼기 때문이다. 한 심리학자의 실험에 의하면 판매가를 만 원이라고만 써 놓았을 때보다 만 오천 원짜리를 만 원에 판다고 표시했을 때 소비자들이 그 제품을 더 많이 구입했다고 한다. 똑같은 만 원짜리 물건인데도 만 오천 원에서 만 원으로 할인했다는 가격표를 보면 상품을 더 싸게 살 수 있는 기회라고 생각하게 되는 것이다.

또한 소비자들은 구입할 수 있는 시간이나 수량이 한정되어 있는 경우에 상품의 가치를 더 높게 평가한다. 판매할 수 있는 시간이 얼마 남지 않았다는 판매자의 말에 조급해져서 불안감을 느끼고 남은 물건이 거의 없다는 이야기에 그 상품에 대한 희소성을 느끼기 때문이다. 이러한 현상을 ⓐ'마감 시간 효과'라고 하는데 TV 홈 쇼핑 회사에서 판매 전략으로 활용하고 있다. 홈 쇼핑 방송을 보면서 살까 말까 망설이다가도 판매 종료 시간이 임박했다는 말을 들으면 선뜻 구매를 결정하는 사람들이 많은데 이들에게 이러한 소비 심리가 작용되었다고 볼 수 있다.

이렇듯 소비자들은 객관적인 판단 기준을 가지고 물건을 구매하지 않는다. 원하는 물건을 싸게 샀답시고 좋아하기도 하지만 실은 이익을 본 경우가 아닐 때도 있고 불필요한 물건인데도 조급한 마음에 충동적으로 구입하기도 한다. 따라서 소비자들은 소비 심리를 인식하고 가격이 적정한지, 정말 자신에게 필요한 물건인지 꼼꼼하게 따져 보고 나서 구입하는 자세를 지녀야 할 것이다.

(1) 이 글의 중심 내용은 무엇입니까?

① 소비 심리를 알면 현명한 소비가 가능하다.

② 소비 심리를 분석하면 매출을 늘릴 수 있다.

③ 소비 심리는 사회의 경제적 상황을 반영한다.

(2) 이 글의 서술 방식으로 맞는 것은 무엇입니까?

① 소비자들을 여러 유형으로 분류했다.

② 소비자들의 변화된 모습을 과거와 비교했다.

③ 소비자들을 대상으로 한 실험 결과를 예로 들었다.

(3) ⓐ를 적용한 광고 내용으로 알맞은 것은 무엇입니까?

① 호텔을 예약하시면 호텔 식당의 식사권을 무료로 드립니다.

② 호텔을 5번 이용하시면 그다음 호텔비는 20% 할인해 드립니다.

③ 오늘까지 호텔을 예약하시면 선착순 100명에게 특별한 혜택을 드립니다.

(4) 이 글에서 말한 소비 심리 두 가지를 요약하세요.

소비 심리 1	
소비 심리 2	

메모

써 봅시다

다음은 여행 가방의 기능 및 특징입니다. 다음을 읽고 상품 사용 후기를 완성하세요.

EWHA 여행 가방 E3277의 기능 및 특징

- 360° 회전이 가능하고 튼튼한 바퀴
- 최대 50㎝까지 높이가 조절되는 손잡이
- 바깥쪽과 안쪽에 있는 다양한 크기의 주머니

EWHA 여행 가방, 가볍고 튼튼해요	어디론가
	05. 13. 17:43 조회수 127

1박 2일로 여행을 가기 위해 가지고 있던 여행 가방을 꺼내 봤더니 너무 큰 것 같았습니다. 그래서 간단하게 짐을 넣을 수 있는 기내용 가방을 하나 구입했어요. 가방은 오래 쓰니까 아무래도 직접 제 눈으로 확인해 보고 사는 게 좋겠다 싶어 백화점에 가서 샀습니다. EWHA에서 이번에 새로 나온 E3277 모델입니다.

크기는 20인치로 가로, 세로, 폭이 35cm, 48cm, 22cm인데 전체적인 모양은 사진으로 한번 보세요. 폭은 3cm 정도 확장이 가능해서 짐을 더 넣을 수 있습니다. 그리고 색깔은 보시는 것처럼 화사한 주황색입니다. 색깔이 예뻐 보여서 샀는데 때가 잘 타기는 합니다. 소재가 천(폴리에스테르)이어서 물세탁도 가능하지만 세탁이 번거로우신 분들은 어두운 색을 선택하세요. 그렇지만 천 소재의 장점은 뭐니 뭐니 해도 가벼운 것이겠지요. 무게가 2.9kg밖에 안 나갑니다.

____

____

____

____

____

결론적으로 말하면 EWHA 여행 가방 E3277은 가볍고 튼튼한 가방이라고 할 수 있습니다. 특히 여행갈 때 무거운 것을 들고 다니기 힘들어하시는 여성 분들께 권하고 싶습니다. 직접 써 보시면 그 차이를 아시게 될 겁니다.

토의해 봅시다

다음은 합리적인 소비 생활에 대한 토의의 한 부분입니다. 읽고 물음에 답하세요.

A: 어떤 물건을 소유하고자 하는 사람의 욕심은 끝이 없고 사람이 소비할 수 있는 돈은 제한되어 있는 법입니다. 그러니까 최소한의 비용으로 많은 것을 살 수 있다면 합리적으로 소비한 것이라고 생각합니다.

B: 그렇게 사람들은 보통 가능한 한 적은 돈을 들여서 많은 물건을 사거나 다양한 서비스를 받으려고 합니다. 그렇지만 싼값에 많은 상품을 구입했다고 해서 과연 돈을 합리적으로 소비했다고 할 수 있을까요? ⓐ_______________ 값은 싸지만 품질이 안 좋은 물건을 사서 만족감이 크지 않다면 합리적으로 돈을 쓴 것이 아닙니다.

C: 제 생각도 그렇습니다. 또한 품질이 좋은 물건을 저렴한 가격에 샀더라도 만족감이 높지 않을 수 있습니다. 제가 조금이라도 싸게 사겠답시고 집에서 멀리 떨어진 곳까지 가 본 적이 있었는데요. 당시에는 합리적인 소비를 했다고 생각했었지만 나중에 생각해 보니 물건을 사러 가는 동안에 낭비한 시간과 노력이 아까웠습니다. 편하고 기분 좋게 가까운 곳에서 구입하는 것이 나았을 것 같습니다.

(1) 밑줄 친 ⓐ에 들어갈 속담으로 알맞은 것은 무엇입니까?

① 부르는 게 값이라는 말대로

② 싼 것이 비지떡이라는 말처럼

③ 같은 값이면 다홍치마라는 말도 있듯이

(2) C의 생각으로 맞는 것은 무엇입니까?

① 적은 돈으로 다양한 서비스를 받는 것은 불가능한 일이다.

② 품질이 좋은 물건을 싸게 구입하면 만족감이 크기 마련이다.

③ 합리적인 소비를 위해서는 가격 이외에도 고려할 것이 많다.

(3) 세 사람이 의견을 제시하는 방법으로 맞는 것은 무엇입니까?

① A는 자신의 경험을 바탕으로 주장하고 있다.

② B는 다른 사람의 의견에 반박하며 주장을 펼치고 있다.

③ C는 사람들이 생각하는 당연한 사실을 근거로 말하고 있다.

제 10 과 예술과 문학

ㄱㄴㄷ 어휘

1. 알맞은 것을 골라 대화를 완성하세요.

은퇴	여생	본질	생동감	절대적	사사건건

(1) A: 퇴직 후에 어떻게 생활하실 거예요? 특별한 계획이 있으세요?

B: 저는 조용한 시골에 가서 한가롭게 ____________을/를 즐기며 살고 싶어요.

(2) A: 김민석 화가의 〈시장〉이라는 작품이 이번 미술 대회에서 큰 주목을 받았다면서요?

B: 네. 시장에서 물건을 사고파는 사람들의 활기찬 모습을 ____________ 있게 표현해서 심사 위원들에게 높은 평가를 받았대요.

(3) A: 제가 아이도 아닌데 저희 어머니는 왜 이렇게 잔소리가 심하신지 모르겠어요.

B: 저희 어머니도 그러세요. 서른 살이 넘었는데도 제가 하는 일에 ____________ 간섭을 하세요.

(4) A: 우리 학교의 수업 환경을 개선하기 위해서 가장 우선적으로 해야 할 일이 무엇입니까?

B: 현재 시청각 교육에 필요한 첨단 기자재들이 ____________(으)로 부족한 실정입니다. 그러므로 무엇보다 이것들을 구입하는 일이 시급합니다.

(5) A: 축구 선수 김성진 씨는 몇 년 더 선수 생활이 가능할 것 같은데 왜 그만둔대요?

B: 발목 부상이 심각해서 더 이상 경기에 출전하는 것이 힘들다는 의사의 진단을 받고 ____________을/를 결심하게 됐대요.

(6) A: 선배님, 좋은 기사를 쓰고 싶은데 어떻게 해야 할지 모르겠어요.

B: 먼저 주변적인 것이 아닌 문제의 ____________이/가 무엇인지를 제대로 파악해야 해. 그래야만 핵심을 찌르는 기사를 쓸 수 있어.

2. 알맞은 것을 골라 대화를 완성하세요.

문병하다	구슬프다	출품하다	능통하다	선명하다	은은하다	거부되다

(1) A: 엘레나 씨, 친구가 큰 수술을 했다면서요? 상태는 좀 어때요?

B: 다행히 수술은 잘 끝났대요. 그래서 다음 주쯤에 병원에 ______________ 가려고요.

(2) A: 얼마 전에 텔레비전 새로 샀다면서? 예전 텔레비전과 비교하면 화질이 많이 달라?

B: 응. 화질이 예전 텔레비전에 비해 훨씬 ______________ 영화 보는 재미가 있어.

(3) A: 이 커피숍은 분위기가 정말 좋은 것 같아요.

B: 맞아요. 조명이 너무 밝지도 어둡지도 않고 ______________ 참 좋네요.

(4) A: 이 영화 정말 슬프지 않아?

B: 맞아. 주인공이 어쩔 수 없이 고향을 떠나면서 ______________ 우는 장면에서 나도 모르게 눈물이 흐르더라.

(5) A: 주말에 간 도자기 전시회는 어땠어요?

B: 유명한 도예가들의 작품을 한자리에서 볼 수 있는 좋은 기회였어요. 특히 이민영 도예가가 ______________ 〈하늘〉이라는 작품이 인상적이었어요.

(6) A: 해외여행을 떠나기 전에 주의해야 할 것이 있으면 말씀해 주시겠습니까?

B: 라이터 같은 위험한 물건을 가지고 있으면 비행기 탑승이 ______________ 수도 있으니까 그런 물건은 비행기에 가지고 타지 마시기 바랍니다.

(7) A: 엘레나 씨는 러시아어뿐만 아니라 프랑스어까지 잘한다면서요?

B: 네. 외교관이신 아버지를 따라 초등학교 때 프랑스에 가서 학창 시절을 보냈대요. 그래서 러시아어, 한국어, 프랑스어까지 3개 국어에 ______________.

3. 알맞은 것을 골라 문장을 완성하세요.

대학을 나오다　　하품이 나오다　　뉴스에 나오다

(1) 어젯밤에 밤늦게까지 과제를 하느라고 늦게 잤더니 수업 중에 자꾸 ____________________.

(2) 부모님께 도서관에 가서 공부한다고 하고 야구장에 갔었다. 그런데 얼굴이 스포츠 ____________________ 거짓말한 게 들통 나고 말았다.

(3) 요즘 불경기로 인해 취업난이 심각해짐에 따라 유명한 ____________________ 취직을 못 하는 사람들이 늘고 있다.

4. 알맞은 속담을 골라 대화를 완성하세요.

수박 겉 핥기이다　　꿈보다 해몽이 좋다　　나무를 보고 숲을 보지 못한다

(1) A: 여보, 민호가 공부는 안 하고 매일 컴퓨터만 해서 정말 걱정이에요.

B: 걱정하지 마세요. 나중에 커서 컴퓨터 프로그래머로 성공할지도 모르잖아요.

A: ____________________. 숙제도 안 하고 매일 컴퓨터만 하는데 당신은 걱정도 안 돼요?

(2) A: 유럽 여행 잘 다녀왔어요? 여기저기 구경 많이 했지요?

B: 네. 그런데 짧은 여행 기간 동안 유럽의 여러 나라를 둘러봐야 해서 ____________________ 식으로 볼 수밖에 없었어요.

(3) A: 한 통신 회사가 물가 상승을 이유로 휴대 전화 요금을 10% 올리겠다고 발표했대.

B: ____________________ 요금을 올리면 당장은 이익을 얻겠지만 소비자들이 요금이 싼 통신 회사로 옮기면 오히려 손해가 날 텐데.

준비합시다

01 -(으)ㄴ/는 이상

1. 알맞은 것을 골라 대화를 완성하세요.

맡다	막히다	선택하다

(1) A: 회의 시간에 맞춰서 도착할 수 있을까요?

B: 이렇게 길이 ______________ 제시간에 도착하기는 힘들 것 같아요. 전화해서 회의 시간을 미뤄야겠어요.

(2) A: 대표팀 감독을 맡게 되신 것을 축하드립니다. 앞으로의 계획을 말씀해 주십시오.

B: 제가 대표팀 감독을 ______________ 한국 팀이 월드컵 8강에 진출할 수 있도록 최선을 다하겠습니다.

(3) A: 엄마, 발레는 제 적성에 맞지 않는 것 같아요. 이거 그만두고 다른 거 해 볼래요.

B: 네가 하고 싶다고 해서 시작한 거잖니? 네가 ______________ 네 말에 책임을 져야지.

2. 알맞은 것을 골라 ✓ 하세요.

(1) 남자 친구가 나쁜 습관을 고치지 않는 이상
① 계속 사귈 수밖에 없다. ( )
② 더 이상 사귈 마음이 없다. ( )

(2) 미국에서 평생 살기로 결심하고 이민 온 이상
① 미국 생활에 적응해야 한다. ( )
② 미국 생활에 적응할 수 없다. ( )

(3) 대학교에 한번 입학 서류를 제출한 이상
① 서류를 다시 돌려받을 수 없다. ( )
② 요청하면 서류를 돌려줄 수 있다. ( )

02 -(으)리라

1. 다음은 학생 루이와 회사원 박지은의 새해 계획입니다. 알맞은 것을 골라 문장을 완성하세요.

따다 끊다 올리다 해내다 미루다 마련하다 취업하다

루이

(1) 첫째, 새해에는 건강을 위해 반드시 담배를 ________________________.

(2) 둘째, 시험 준비를 철저히 해서 무슨 일이 있어도 한국어능력시험 6급을 ________________.

(3) 셋째, 불경기로 신입 사원을 뽑는 회사가 적지만 열심히 노력해서 올해 안에 반드시 ________________.

(4) 넷째, 성실성은 모든 일의 근본이므로 새해에는 무슨 일이 있어도 절대로 오늘 할 일을 내일로 ________________.

박지은

(5) 첫째, 준수 씨 부모님을 찾아뵙고 결혼 허락을 받아서 올해가 가기 전에 꼭 준수 씨와 결혼식을 ________________.

(6) 둘째, 올해에는 불필요한 데에 돈을 쓰지 않고 알뜰하게 모아서 내 차를 한 대 꼭 ________________.

(7) 셋째, 한번 하기로 결심한 일이면 중간에 포기하지 않고 그 일이 무슨 일이든지 반드시 ________________.

03 -(으)오

1. 다음 대화에서 밑줄 친 부분을 '-(으)오'를 사용해서 바꾸세요.

현대

친구 A: 정말 (1)오랜만이다.

친구 B: 이렇게 길에서 우연히 만나다니……. 그동안 어떻게 (2)지냈어?

친구 A: 잘 지냈지. 너 한국대학교 경영학과에 들어갔다고 들었는데 수업은 어때?

친구 B: 가장 기초 과목인 '경영학 개론'을 듣고 있는데 생각보다 좀 (3)어려워. 그런데 넌 여자 친구 생겼어? 대학에 들어가면 제일 먼저 여자 친구 사귈 거라고 (4)했잖아.

친구 A: 응. 생겼어. 같은 과 친구인데 같이 수업 듣다가 사귀게 됐어. 나중에 한번 (5)보여 줄게.

친구 B: 그래. 어떻게 생겼는지 (6)궁금하다. 곧 동창회 한다던데 그때 꼭 같이 (7)와.

친구 A: 알겠어. 우리 바빠도 자주 연락하고 (8)지내자.

↓

과거

선비 A: 정말 (1) ________________.

선비 B: 이렇게 길에서 우연히 만나다니……. 그동안 어떻게 (2) ________________?

선비 A: 잘 지냈소. 성균관에 들어갔다고 들었는데 수업은 어떻소?

선비 B: 가장 기초 과목인 '논어'를 듣고 있는데 생각보다 좀 (3) ________________. 그런데 마음에 둔 여인이 생겼소? 성균관에 들어가면 제일 먼저 여인을 사귈 거라고 (4) ________________.

선비 A: 그렇소. 성균관 근처 마을에서 우연히 만났소. 나중에 한번 (5) ____________.

선비 B: 좋소. 어떻게 생겼는지 (6) ________________. 곧 동창회 한다던데 그때 꼭 같이 (7) ________________.

선비 A: 알겠소. 우리 바빠도 자주 연락하고 (8) ________________.

말해 봅시다

1. 다음 물음에 답하세요.

(1) 자세히 보지 않아서 무슨 그림인지 잘 모르겠다는 것을 어떻게 말할까요?

A: 이 그림은 피카소(Picasso)의 〈게르니카(Guernica)〉라는 그림이에요.
B: ________________________. 뭘 그린 거지요?

① 얼핏 봐서는 무엇을 그린 건지 모르겠네요
② 언뜻 보고도 무엇을 그린 건지 알 수 있겠네요
③ 잠깐 봤지만 무슨 그림인지 누구나 알 것 같아요

(2) 비전문가의 입장에서 그림을 평가하기 어렵다는 것을 어떻게 말할까요?

A: 피카소(Picasso)의 〈게르니카(Guernica)〉를 실제로 보니까 느낌이 어땠어요?
B: ________________________.
그렇지만 검은색과 흰색의 선명한 대비가 인상적이었어요.

① 제가 전문가는 아니지만 이 그림에 대해서는 말할 수 있겠네요
② 제가 전문가가 아니라서 이 그림에 대해 어떻다고 말할 수는 없어요
③ 제가 전문가가 아니니까 이 그림에 대해 오히려 더 정확히 말할 수 있어요

(3) 새롭게 깨달은 사실을 어떻게 말할까요?

A: 피카소(Picasso)의 〈게르니카(Guernica)〉는 전쟁의 참혹함과 슬픔을 독특한 구도로 표현해서 20세기의 대표적인 작품으로 손꼽히고 있어요.
B: 수진 씨 말을 듣고 보니까 그림이 달라 보이네요. ________________.

① 그림을 보는 게 이렇게 재미있다는 것을 이제껏 몰랐어요
② 그림을 본다는 게 이렇게 재미있는 건지 이미 알고 있었지요
③ 그림을 보는 게 이렇게 재미있다는 것을 진작 알았으면 좋았을 것 같아요

2. 다음 대화를 읽고 물음에 답하세요.

사라 민우 씨, 이 잡지에 있는 그림은 무슨 그림이에요?

이민우 김홍도가 그린 〈서당〉이라는 그림이에요. 국립중앙박물관에 가면 볼 수 있어요.

사라 국립중앙박물관에 있을 정도면 꽤 유명한 그림인가 보네요. 그런데 김홍도는 누구예요?

이민우 김홍도는 조선 시대 유명한 화가인데요. 당시 일반 서민들의 생활 모습을 그린 작품들을 많이 남겼어요.

사라 언뜻 봤을 때는 무슨 그림인지 잘 모르겠는데요. 뭘 그린 거지요?

이민우 〈서당〉은 조선 시대 초등학교인 서당에서 선생님과 어린 학생들이 함께 공부하고 있는 모습을 그린 그림이에요. 자세히 보면 한 학생이 방금 선생님께 많이 혼난 듯이 선생님으로부터 등을 돌리고 앉아서 눈물을 닦고 있어요. 그런데 주위에 다른 학생들은 친구가 야단맞은 것이 재미있는지 웃고 있어요. 아주 ⓐ________________ 묘사되어 있지요?

사라 네. 특히 사람들의 표정이 마치 실제 살아 있는 사람처럼 생동감이 있네요.

이민우 그렇지요? 제가 전문가가 아닌 이상 뭐라고 말하기는 어렵지만 묘사가 섬세한 데다가 구도도 안정적이어서 참 좋은 작품인 것 같아요.

사라 민우 씨의 이야기를 듣고 보니 그림이 달라 보이네요. 그림을 본다는 게 이렇게 재미있는 건지 미처 몰랐어요.

이민우 맞아요. 뭐든지 알게 되면 재미있는 법이잖아요.

(1) ⓐ에 들어갈 말로 알맞은 것은 무엇입니까?

① 은은하게　　② 익살스럽게　　③ 추상적으로

(2) 김홍도의 〈서당〉에 대한 설명으로 알맞지 **않은** 것은 무엇입니까?

① 서당에서 공부하는 학생들의 모습을 재미있게 묘사했다.

② 등장하는 사람들의 표정이 실제 살아 있는 사람처럼 생생하다.

③ 선생님께 야단맞은 학생을 안타까워하는 친구들의 모습이 인상적이다.

(3) 대화의 내용과 같은 것은 무엇입니까?

① 두 사람은 지금 박물관에서 그림을 보며 이야기하고 있다.

② 사라는 민우와의 대화를 통해 그림을 보는 재미를 알게 되었다.

③ 민우는 한국 미술을 전공하여 이 그림에 대한 전문 지식을 가지고 있다.

읽어 봅시다

다음은 시 평론입니다. 읽고 물음에 답하세요.

순수하고 아름다운 사랑의 시, 「내 마음은」

김동명의 「내 마음은」은 순수한 사랑을 아름다운 시어로 표현한 작품으로서 가곡으로 만들어져 불릴 정도로 한국인들에게 많은 사랑을 받고 있다. 1938년에 출판된 김동명의 두 번째 시집 『파초(芭蕉)』에 실려 있는 이 시는 4연 16행으로 구성되어 있는 짧은 서정시이다. 이 시는 호소하는 듯한 독백조의 어투와 은유법을 효과적으로 사용해서 사랑하는 사람에 대한 열정과 그로 인해 생겨나는 슬픔을 나타내고 있다.

이 시의 전체적인 분위기를 보면 전반부(1, 2연)와 후반부(3, 4연)로 나눌 수 있다. 1연의 호수 같이 넓은 사랑으로 '옥같이…… 부서지리라'와 2연의 촛불처럼 사랑하는 사람을 위해 '남김없이 타오리다'에서는 열정적인 사랑과 희생을 보여 주고 있다. 이에 반해 3연의 고향을 떠난 외로운 나그네처럼 '호젓이 나의 밤을 새이오리다'와 4연의 잠깐 뜰에 머무르다가 바람에 날아가 버리는 낙엽처럼 '외로이 그대를 떠나오리다'에서는 외롭고 쓸쓸한 사랑을 그리고 있다. 즉 전반부가 뜨거운 사랑의 열정과 희생을 노래한 것이라면 후반부는 사랑의 쓸쓸함과 외로움을 노래한 것이라고 할 수 있다. 시인은 이런 사랑의 극단적인 두 면을 대비시켜, 사랑은 처음에는 즐겁고 불타오르는 것처럼 뜨겁지만 결국은 외롭고 슬프게 끝나게 된다는 것을 나타냈다고 볼 수 있다.

이 시의 가장 큰 특징은 은유법이 효과적으로 사용되어 있다는 것이다. 은유법은 표현하는 대상을 다른 대상에 비유해서 표현하는 방법으로서 'A는 B와 같다'라고 표현하지 않고 'A는 B이다'로 나타내는 비유법이다. 이 시는 이런 은유법을 사용해서 사랑하는 사람에 대한 마음을 '호수', '촛불', '나그네', '낙엽'과 같은 참신한 이미지를 가진 소재를 통해 표현했다. 또한 각 연의 끝 2행에서는 '–(으)오'를 사용하고 마지막 4행에서는 '–(으)리다'로 끝맺음으로써 사랑하는 사람에 대한 마음을 독백조로 더 애절하고 호소력 있게 표현했다.

이처럼 이 시는 사랑하는 사람에 대한 열정적인 마음과 사랑으로 인한 슬픔이라는 평이한 내용을 은유법과 독백조의 어투라는 독특한 기법을 통해 효과적으로 표현하여 지금도 많은 사람들에게 사랑받고 있다.

(1) 이 글에서 나오지 **않은** 것은 무엇입니까?

① 이 시의 주제

② 이 시의 시대적 배경

③ 이 시에 사용된 표현 기법

(2) 글의 내용과 같은 것은 무엇입니까?

① 이 시는 오래전부터 전해 내려온 한국 전통 시이다.

② 이 시는 사랑의 두 가지 다른 면을 동시에 보여 준다.

③ 이 시는 사랑하는 두 남녀의 대화 형식으로 되어 있다.

(3) 은유법이 사용된 것은 무엇입니까?

① 어머니의 눈물은 진주이다.

② 호수처럼 맑은 눈동자를 가진 그녀

③ 혼자 길을 떠나는 나그네같이 가리라.

(4) 「내 마음은」의 전반부와 후반부가 노래한 것은 무엇입니까?

선반부	
후반부	

내 마음은

김동명

내 마음은 호수요.
그대 노 저어 오오.
나는 그대의 흰 그림자를 안고, 옥같이
그대의 뱃전에 부서지리다.

내 마음은 촛불이요.
그대 저 문을 닫아 주오.
나는 그대의 비단 옷자락에 떨며, 고요히
최후의 한 방울도 남김없이 타오리다.

내 마음은 나그네요.
그대 피리를 불어주오.
나는 달 아래 귀를 기울이며, 호젓이
나의 밤을 새이오리다.

내 마음은 낙엽이요.
잠깐 그대의 뜰에 머무르게 하오.
이제 바람이 일면 나는 또 나그네같이, 외로이
그대를 떠나오리다.

써 봅시다

다음은 메이닝의 마음입니다. 다음을 읽고 모방 시를 완성하세요.

메이닝

나는 사랑하는 사람을 만나면 그 사람과 함께 고향에 돌아가서 부모님께 그 사람을 보여 드릴 거야.

귀천

천상병

나 하늘로 돌아가리라.
새벽빛 와 닿으면 스러지는
이슬 더불어 손에 손을 잡고,

나 하늘로 돌아가리라.
노을빛 함께 단 둘이서
기슭에서 놀다가 구름 손짓하며는,

나 하늘로 돌아가리라.
아름다운 이 세상 소풍 끝내는 날,
가서, 아름다웠더라고 말하리라.

귀향

메이닝

나 고향으로 돌아가리라.
4년 동안 정든 학교를 졸업하면
마음 한가득 아름다운 추억을 가지고,

나 고향으로 돌아가리라.
____
______________________________,

나 고향으로 돌아가리라.
떠나오기 전에 품었던 꿈이 이루어지는 날,
가서, 행복했다고 말하리라.

토론해 봅시다

다음은 예술적 가치에 대한 토론의 한 부분입니다. 읽고 물음에 답하세요.

A: 20세기 초 마르셀 뒤샹(Marcel Duchamp)은 상점에서 구입한 변기에 '샘(Fontaine)'이라는 이름을 붙여 전시회에 출품했습니다. 이 작품은 당시 전시가 거부될 정도로 예술적 가치를 인정받지 못했습니다. 그렇다고 해서 '샘(Fontaine)'은 예술적 가치가 없을까요? 그렇지 않습니다. 어떤 작품이 아름다운지 그렇지 않은지를 결정해 주는 미적 기준은 결코 절대적인 것이 아닙니다. 저는 작품 안에 예술가의 미적 가치와 의도가 들어 있다면 그것은 예술적으로 충분한 가치가 있다고 생각합니다.

B: 저는 그 의견에 동의하기 어렵습니다. 예술의 본질은 감상하는 데에 있기 때문에 보는 사람들이 그 작품을 이해하고 공감할 수 있어야 비로소 예술적 가치가 있다고 할 수 있습니다. 더러 노출이 심한 옷차림을 하고 길거리에서 춤을 추거나 연극에서 배우가 관객에게 욕설을 퍼붓는 행위에도 예술적 가치가 있다고 주장하는 사람들이 있습니다. 그러나 이와 같은 행위에 단지 예술가의 의도가 반영되었다고 해서 예술적 가치가 있다고 한다면 오히려 예술 전반의 질을 떨어뜨릴 우려가 있습니다. 그러므로 ⓐ ______________________.

(1) ⓐ에 들어갈 수 있는 것은 무엇입니까?

① 대중의 공감과 예술적 가치 사이에 밀접한 관계가 있다고 말할 수 없습니다

② 대중에게 공감을 불러일으키는 작품이야말로 진정한 예술적 가치가 있습니다

③ 대중의 공감만이 한 작품의 예술적 가치를 평가하는 기준이 될 수는 없습니다

(2) A가 말하려고 하는 것은 무엇입니까?

① 예술가의 의도가 들어 있는 작품은 예술적 가치가 있다.

② 심사위원들에게 인정을 받는 작품은 예술적 가치가 있다.

③ 예술을 즐기는 사람들에게 감동을 주어야 예술적 가치가 있다.

(3) A와 B는 자신의 의견을 어떻게 제시하고 있습니까?

① A는 예를 제시하여 자신의 의견을 뒷받침하고 있다.

② B는 A에게 질문을 던지면서 자신의 의견을 제시하고 있다.

③ B는 A의 의견에 일부 동의하지만 전적으로 동의하지는 않는다.

정답

제1과 언어와 생활

어휘

1. (1) 규모 (2) 정서 (3) 시각 (4) 경향 (5) 고유 (6) 애초

2. (1) 달한대요 (2) 익살스럽게 (3) 적용되면 (4) 동일한 (5) 발생했대요
   (6) 지적하셨어 (7) 믿음직스럽지 않아요

3. (1) 선물을 돌리는 (2) 말을 돌려서 (3) 차를 돌려서

4. (1) 말이 씨가 된다는 (2) 가는 말이 고와야 오는 말이 곱다고
   (3) 입은 비뚤어져도 말은 바로 하랬다고

준비합시다

01 -나 하다

1. (1) 안 드나 했어 (2) 합격했나 했어요 (3) 아픈가 했어요 (4) 컸나 했어요

2. (1) 좋아하나 했어요 (2) 재미있나 봐요 (3) 했나 했어요

02 -(으)므로

1. (1) ② (2) ① (3) ③
   (1) 그녀는 평생 남을 위해 살아왔으므로 많은 사람들의 존경을 받고 있다
   (2) 물은 신진대사를 활발하게 해 주므로 조금씩 자주 마시는 게 좋다
   (3) 6월 말부터 7월 중순까지는 장마철이므로 우산을 반드시 가지고 다녀야 한다

2. (1) 받았으므로 (2) 발생하므로 (3) 높으므로

03 만 해도

1. (1) 단어만 해도 (2) 숙박비만 해도 (3) 직원만 해도 (4) 식성만 해도
   (5) 전기세만 해도 (6) 영화만 해도 (7) 유학생만 해도

말해 봅시다

1. (1) ② (2) ② (3) ③

2. (1) ② (2) ③ (3) ③

읽어 봅시다

(1) ② (2) ②

(3) ①	ⓐ	가볍게 한 말이 실제로 이루어질 수 있다.
②	ⓑ	말만 잘하면 어렵거나 불가능해 보이는 일도 해결할 수 있다.
③	ⓒ	비밀스럽게 한 말이라도 다른 사람의 귀에 들어가게 된다.

(4) ①

써 봅시다

이는 제주도가 육지에서 떨어져 있는 섬이므로 제주도 사투리가 표준어나 다른 지역 사투리의 영향을 적게 받았기 때문이다. 제주도를 방문한 관광객들이 가장 많이 듣는 말이 "혼저 옵서예."이다. 대부분 관광객은 이 말의 의미를 "혼자 오셨어요?"라고 생각한다. 그러나 '혼저'는 '어서'를, '옵서예'는 '오십시오'라는 의미를 가지고 있다.

토의해 봅시다

(1) ① (2) ② (3) ③

제2과 현대인과 건강

어휘

1. (1) 다반사 (2) 도래 (3) 감량 (4) 우려 (5) 열풍 (6) 전유물

2. (1) 만연해 있어요 (2) 거르지 (3) 만끽하러 (4) 치중하는 (5) 비롯된
(6) 불러일으켜서 (7) 일컫는

3. (1) 병을 고치는 (2) 자세를 고쳐 (3) 식습관을 고치고

4. (1) 모르면 약이요 아는 게 병이라고 (2) 병 주고 약 주는 (3) 입에 쓴 약이 병에는 좋다고

준비합시다

01 –기(가) 일쑤이다

1. (1) 지각하기 일쑤예요 (2) 거르기 일쑤예요 (3) 잊어버리기 일쑤여서
(4) 다투기 일쑤였어요

2. (1) 헤매기 일쑤이다 (2) 넘어지기 일쑤이다 (3) 걸리기 일쑤여서

02 –지

1. (1) ② (2) ③ (3) ①
(1) 그 아파트는 가격만 저렴하지 주변 환경이 좋지는 않다
(2) 나는 그 사람의 이름만 알 뿐이지 그 사람과 친하지는 않다
(3) 루이는 노래를 듣는 것을 좋아하지 노래를 잘 부르지는 않는다

2. (1) 처리하지 (2) 강조했지 (3) 추구하지

03 –든지 –든지

1. (1) 교환하시든지 환불하시든지 (2) 그만두든지 옮기든지 (3) 찬성하든지 반대하든지

2. (1) 버스든지 택시든지 (2) 아들이든지 딸이든지
(3) 국내에서든지 해외에서든지

말해 봅시다

1. (1) ③ (2) ② (3) ①
2. (1) ③ (2) ③ (3) ②

읽어 봅시다

(1) ① (2) ② (3) ③

(4)

배우 이현지	물을 많이 마시는 것
피부과 전문의 김민호	밤에 7시간 이상 숙면을 취하는 것

써 봅시다

이렇게 식생활을 바꾼 지 얼마 되지 않아서 제 몸에 변화가 생기기 시작했습니다. 가장 먼저 느낀 변화는 섬유질을 많이 섭취해서 그런지 몇 년째 고생하던 변비가 사라졌다는 것입니다. 그리고 별다른 운동을 하지 않았는데도 채식 위주로 식사한 지 6주 만에 체중 7kg 감량에 성공하면서 자연스럽게 복부에 있던 살도 빠지게 되었고 높았던 혈압도 정상으로 돌아왔습니다. 또한 전에 많이 나던 여드름도 더 이상 나지 않아서 주변 사람들로부터 피부가 좋아졌다는 말을 많이 듣게 되었습니다.

토론해 봅시다

(1) ① (2) ① (3) ②

제3과 역사와 인물

어휘

1. (1) 원형 (2) 업적 (3) 흔적 (4) 원리 (5) 성장 (6) 위기

2. (1) 훼손된 (2) 몰두하고 (3) 열악한 (4) 등재된 (5) 거듭한
(6) 급속하게 (7) 베풀어 주신

3. (1) 신기록을 세우는 (2) 대책을 세우기로 (3) 학교를 세워(서)

4. (1) 공든 탑이 무너지겠어 (2) 벼는 익을수록 고개를 숙인다고
(3) 될성부른 나무는 떡잎부터 알아본다고

준비합시다

01 -기(가) 이를 데 없다

1. (1) 복잡하기(가) 이를 데 없다 (2) 사랑스럽기(가) 이를 데 없다
(3) 평범하기(가) 이를 데 없지만 / 없는데 (4) 답답하기(가) 이를 데 없었다

2. (1) 뻔뻔하기(가) 이를 데 없네요 (2) 무책임하기(가) 이를 데 없는
(3) 안타깝기(가) 이를 데 없었어

02 -(으)랴 -(으)랴

1. (1) 보내랴 (2) 처리하랴 (3) 돌보랴

2. (1) 거래처(를) 방문하랴 행사에 참여하랴 (2) 드라마(를) 찍으랴 콘서트(를) 준비하랴
(3) 자격증(을) 따랴 외국어(를) 배우랴

03 -(으)ㅁ으로써

1. (1) ③ (2) ② (3) ①
(1) 게임 이용 시간을 제한함으로써 청소년들을 게임 중독으로부터 보호할 수 있다
(2) 건강 검진을 받음으로써 질병을 초기에 발견하고 치료할 수 있다
(3) 일자리를 늘림으로써 실업률을 낮출 수 있다

2. (1) 쇼핑으로써 (2) 돈으로써 (3) 눈물로써

말해 봅시다

1. (1) ② (2) ① (3) ②

2. (1) ② (2) ① (3) 건축물과 자연이 조화를 이루기 때문에

읽어 봅시다

(1) ① (2) ③ (3) ③ (4) ②

써 봅시다

상감 기법은 다른 나라에서는 금속 공예에 사용되던 방법이었다. 그러나 고려 시대 때 세계 최초로 상감 기법이라는 독창적인 장식 방법이 도자기에 응용되었다는 점에서 중요하게 평가된다. 또한 가을 하늘보다 맑고 투명한 비색의 고려청자는 당시는 물론 지금도 세계 최고의 아름나움을 자랑힌다.

토의해 봅시다

(1) ③ (2) ③ (3) ②

제4과 과학과 기술

어휘

1. (1) 멸종 (2) 원격 (3) 추세 (4) 효율적 (5) 생태계 (6) 혁신적

2. (1) 의존하다보면 (2) 진화하고 있어요 (3) 향상되었어요 (4) 전망됩니다
(5) 일깨우기 위해 (6) 그릇된 (7) 밀접한

3. (1) 회비를 거둔다 (2) 빨래를 거두었다 (3) 승리를 거두었다

4. (1) 가는 날이 장날이라더니 (2) 세월이 약이라고 (3) 십 년이면 강산도 변한다고 하는데

준비합시다

01 –ㄴ/는다고 하더라도

1. (1) 발달한다고 하더라도 (2) 만난다고 하더라도 (3) 개발된다고 하더라도

2. (1) ② (2) ③ (3) ①
(1) 많은 사람들이 반대한다고 하더라도 계획대로 사업을 추진해야 한다
(2) 여러 차례 실패를 경험했다고 하더라도 포기하지 말고 다시 도전해야 한다
(3) 허물없이 지내는 가까운 사이라고 하더라도 서로 예의를 지켜야 한다

02 –아/어 내다

1. (1) 견뎌 내서 (2) 이루어 낸 (3) 받아 냈어요 (4) 구해 냈대

2. (1) 이겨 내야만 (2) 만들어 버렸다 (3) 읽어 낸 (4) 생각해 냈다

03 –게끔

1. (1) 안심하게끔 (2) 발생하지 않게끔 (3) 알아듣게끔 (4) 잊어버리지 않게끔

2. (1) 진로를 찾게끔 (2) 필요성을 느끼게끔 (3) 흥미를 갖게끔

말해 봅시다

1. (1) ③　(2) ②　(3) ③

2. (1) ②　(2) ②　(3) ③

읽어 봅시다

(1) ②　(2) ①, ②, ③　(3) ③

(4)

마법 거울	일정에 따라 옷을 추천해 준다
건강 체크 팔찌	몸에 이상이 생기면 병원에 연락해 준다

써 봅시다

인간과 로봇 커플이 탄생하게 된 이유는 과학의 발달로 인간같이 느끼고 생각하는 로봇을 개발해 냈기 때문이다. 이로써 이상형에 가까운 로봇의 주문 제작이 가능해져 이상형과 결혼하고 싶어 하는 사람들의 바람이 실현 가능해졌다. 또한 로봇과 결혼하면 인간과 결혼했을 때 발생하는 문제들이 생기지 않을 것이라는 사람들의 기대도 인간과 로봇 커플을 탄생시킨 배경 중의 하나로 보인다.

토론해 봅시다

(1) ①　(2) ①　(3) ①

제5과 현대 사회와 개인

어휘

1. (1) 전략　(2) 처벌　(3) 정책　(4) 관점　(5) 의무　(6) 세대

2. (1) 시급하다고　(2) 시달리는　(3) 마땅한　(4) 보장되기　(5) 도태될
(6) 규제해야　(7) 침해하는

3. (1) 규정에 걸린　(2) 발에 걸려서　(3) 양심에 걸려서

4. (1) 백지장도 맞들면 낫다는　(2) 가재는 게 편이라고
(3) 달면 삼키고 쓰면 뱉는다고

준비합시다

01 -ㄴ/는다기보다

1. (1) 느긋하다기보다　(2) 헷갈린다기보다　(3) 외롭다기보다　(4) 참가했다기보다

2. (1) 선생님이라기보다　(2) 친구라기보다　(3) 문제라기보다

02 -(으)ㄹ뿐더러

1. (1) 탁월할뿐더러　(2) 늘어났을뿐더러　(3) 해로울뿐더러

2. (1) ③　(2) ②　(3) ①
(1) 나는 친구들을 만날 시간이 없었을뿐더러 전화로 안부를 물을 겨를조차 없었다
(2) 어른은 어린이를 보호할 의무가 있을뿐더러 올바르게 가르칠 책임도 있다
(3) 그는 다른 사람의 이야기를 잘 듣지 않을뿐더러 말도 함부로 한다

03 -자

1. (1) 추워지자　(2) 시작되자　(3) 전해지자　(4) 올라오자

2. (1) 걷자　(2) 나서자　(3) 오르자　(4) 바라보자

말해 봅시다

1. (1) ③ (2) ① (3) ③

2. (1) ① (2) ③ (3) ②

읽어 봅시다

(1) ③ (2) ② (3) ①

(4)

	단락	연결
①	첫 번째 단락	사회를 구성하는 다양한 사람들
②	두 번째 단락	사회 문제와 사건을 바라보는 다양한 관점
③	세 번째 단락	의견이 다른 사람을 대하는 우리의 잘못된 모습
④	네 번째 단락	사회 문제와 갈등을 해결하기 위한 방법

써 봅시다

개미는 그동안 모은 양식을 보며 흐뭇한 미소를 지었다. 그런데 무리하게 일을 한 탓인지 몸의 이곳저곳이 아파 오기 시작했고 쌓아 둔 양식을 미처 다 먹기도 전에 죽을 지경에 이르렀다. 한편 베짱이는 마을 동물들의 집을 돌아다니며 노래를 불러 주었다. 추운 겨울 집 안에서만 심심하게 지내던 동물들은 베짱이의 노래로 무료함을 달랠 수 있게 되었다며 베짱이에게 고마워했다. 그리고 노래에 대한 보답으로 양식을 나누어 주었다.

토론해 봅시다

(1) ① (2) ② (3) ③

제6과 문화와 상징

어휘

1. (1) 기후 (2) 형식 (3) 생계 (4) 계승 (5) 장수 (6) 기호

2. (1) 기원하는 (2) 접목한 (3) 허전해요 (4) 곁들여 (5) 엉뚱한
   (6) 존중하는 (7) 깃들어

3. (1) 음식을 차려 (2) 정신을 차리고 (3) 실속을 차리는

4. (1) 호랑이도 제 말 하면 온다고 (2) 서당 개 삼 년에 풍월을 읊는다는
   (3) 닭 잡아먹고 오리발 내밀면

준비합시다

01 –(으)ㄹ 정도

1. (1) ③ (2) ① (3) ②
   (1) 중간에 포기하고 싶을 정도로 과제가 생각보다 어려웠다
   (2) 아침에 일어나기 힘들 정도로 어제 너무 과로했다
   (3) 주인공의 대사를 다 외울 정도로 드라마를 반복해서 봤다

2. (1) 눈을 뗄 수 없을 정도였어요 (2) 둘이 먹다가 하나가 죽어도 모를 정도로
   (3) 배꼽이 빠질 정도로

02 –(으)면 몰라도

1. (1) 당첨됐으면 몰라도 (2) 비싸면 몰라도 (3) 알면 몰라도 (4) 나으면 몰라도

2. (1) 개면 몰라도 (2) 사과하면 몰라도 (3) 낡았으면 몰라도

03 –(으)ㄴ 나머지

1. (1) 새운 나머지 (2) 견디지 못한 나머지 (3) 몰두한 나머지 (4) 괴로운 나머지

2. (1) 끝에 (2) 나머지 (3) 끝에 (4) 나머지

말해 봅시다

1. (1) ② (2) ③ (3) ③

2. (1) ②

(2) ① 한국인이 생각하는 한국의 상징이 무엇인지 알아보기 위해서

② 외국인과 한국인이 생각하는 한국의 상징에 차이가 있는지 알아보기 위해서

(3) ②

읽어 봅시다

(1) ③ (2) 전통 궁중 한복의 미를 한국을 넘어 세계에 알리려고 (3) ② (4) ③

써 봅시다

중국에서는 예로부터 모자람 없이 가득 차 있는 것을 좋은 것으로 여겼기 때문에 첨잔을 한다. 그래서 중국 사람들은 술잔에 술이 조금이라도 줄면 술잔이 비지 않게 수시로 술을 따라준다. 반면 한국에서는 제사를 지낼 때 조상에게 술을 올리는데 그때 첨잔을 한다. 그래서 첨잔을 하는 것은 죽은 사람에게만 하는 것이라고 생각해서 술을 마실 때 첨잔을 하지 않는다.

토론해 봅시다

(1) ② (2) ③ (3) ②

제7과 자연과 환경

어휘

1. (1) 부지기수 (2) 사태 (3) 경계 (4) 방지 (5) 광경 (6) 폐수
2. (1) 끈질긴 (2) 무분별하게 (3) 보잘것없는 (4) 거대한 (5) 감시하기
   (6) 어리석은 (7) 낙심하지 말고
3. (1) 가뭄이 들면 (2) 물이 들었다 (3) 의심이 들었다
4. (1) 산 넘어 산이라고 (2) 사공이 많으면 배가 산으로 간다고
   (3) 금강산도 식후경이라고

준비합시다

01 (이)야말로

1. (1) 신제품 개발이야말로 (2) 지구 온난화야말로 (3) 대학 시절이야말로
2. (1) 깨닫는 것이야말로 (2) 경청하는 것이야말로 (3) 사는 것이야말로

02 –기 나름이다

1. (1) 해석하기 나름이니까 (2) 꾸미기 나름이에요 (3) 마음먹기 나름이라고
   (4) 사용하기 나름인 것 같아요
2. (1) 아이 나름이다 (2) 사람 나름이라는 (3) 책 나름이다

03 (이)나마

1. (1) 목소리나마 (2) 교통편이나마 (3) 전화로나마 (4) 먼발치에서나마
2. (1) 작게나마 (2) 간략하게나마 (3) 희미하게나마

말해 봅시다

1. (1) ③　(2) ②　(3) ①

2. (1) ③　(2) ①　(3) ③

읽어 봅시다

(1) ③　(2) ②

(3) ② 설거지를 할 때 수도꼭지를 잠그고 설거지통에 물을 받아서 해야 한다.
③ 샤워 시간을 줄여야 한다.

(4) ③

써 봅시다

물방울 속에서 허우적거리는 개미의 모습에 우리의 모습이 겹쳐졌다. 태풍의 피해를 입은 사람들의 모습이 보이는 것 같았기 때문이다. 우주 전체로 본다면 아무리 센 태풍이라도 물 한 방울에 불과하겠지. 자연 앞에서는 개미나 인간이나 한없이 작은 존재인 것 같다.

토의해 봅시다

(1) ②　(2) ②　(3) ③

제8과 매체와 사회

어휘

1. (1) 고용 (2) 인지도 (3) 무단 (4) 인신공격 (5) 호평 (6) 정착
2. (1) 졸라서 (2) 핼쑥해서 (3) 유출되지 않도록 (4) 막대한 (5) 우겨서
   (6) 호소할 (7) 파헤치는
3. (1) 틈을 타서 (2) 방송을 탄 (3) 수줍음을 타는
4. (1) 아니 땐 굴뚝에 연기 나겠어 (2) 꿩 구워 먹은 소식이네
   (3) 등잔 밑이 어둡다고

준비합시다

01 –아/어 대다

1. (1) 짖어 대서 (2) 잔소리해 대요 (3) 불러 대는지
2. (1) 두드려 대는 (2) 떠들어 대는지 (3) 놀려 대는 (4) 졸라 대서

02 –(으)려야

1. (1) 쫓아가려야 쫓아 갈 수가 없었어 (2) 믿으려야 믿을 수가 없어
   (3) 붙잡으려야 붙잡을 수가 없었어
2. (1) 감추려야 감출 수가 없다 (2) 운전하려야 운전할 수가 없을 (3) 떼려야 뗄 수가 없었다
   (4) 입으려야 입을 수가 없어서

03 –다시피 하다

1. (1) ③ (2) ① (3) ②
   (1) 남자 친구가 아직 학생이라서 직장인인 내가 데이트 비용을 다 내다시피 한다
   (2) 옷을 정리하다 보니까 유행이 지난 옷이 많아서 옷을 거의 다 버리다시피 했다
   (3) 제출일이 임박한 보고서를 작성하느라 밥 먹을 시간도 없어서 요즘 매일 점심을 굶다시피 한다
2. (1) 잠기다시피 했다 (2) 망하다시피 해서 (3) 기다시피 해서

말해 봅시다

1. (1) ③ (2) ② (3) ①

2. (1) ③ (2) ② (3) ②

읽어 봅시다

(1) ① (2) ③ (3) ②

(4)

① 1960 년대	전문적인 제작 기술과 운영 체계를 갖춘 영화사가 등장했다. 정부는 한국 영화 제작을 권장하고 해외 영화 수입을 제한하는 정책을 폈다.
② 2000 년대	관객이 1000만을 넘어선 영화가 나타났다. 대기업이 영화에 투자를 하거나 영화 제작에 직접 참여했다.

써 봅시다

남자 김 씨는 도심으로 돌아오지만 또다시 희망을 잃고 자살을 시도하려 63빌딩으로 향한다. (이를 지켜보던) 여자 김 씨는 남자 김 씨의 자살을 막기 위해 용기를 내어 3년 만에 집 밖으로 나와 남자에게 달려간다. 그리고 두 사람이 서로의 손을 잡고 미소를 짓는 것으로 영화는 끝이 난다. 이 영화는 소외감을 극복하기 위해서는 상처받기를 두려워하지 말고 세상에 나아가야 한다고 말하고 있다.

토론해 봅시다

(1) ② (2) ② (3) ①

제9과 경제와 소비 생활

어휘

1. (1) 매출 (2) 선풍적 (3) 불황 (4) 제조 (5) 예산 (6) 능동적

2. (1) 과열되어 (2) 티격태격할 (3) 좌우되는 (4) 상세하게 (5) 투덜거려도
(6) 인하하는 (7) 수용하는

3. (1) 사진을 올리는 (2) 속력을 올려서 (3) 성과를 올린

4. (1) 같은 값이면 다홍치마라는 (2) 싼 것이 비지떡이라고 (3) 외상이면 소도 잡아먹는다더니

준비합시다

01 -(으)ㄴ/는 법이다

1. (1) 깨닫는 법이지요 (2) 부담스러운 법이지 (3) 따르는 법이야

2. (1) 굳어지는 법이기 (2) 나은 법이다 (3) 맑은 법이라며

02 -ㄴ/는답시고

1. (1) 바쁘답시고 (2) 넓힌답시고 (3) 달랜답시고

2. (1) ② (2) ① (3) ③
(1) 민우는 돈을 많이 번답시고 잘난 척을 하는 경향이 있다
(2) 수진은 친한 친구랍시고 미나의 일에 지나치게 참견한다
(3) 사오리는 좋아하는 가수를 보겠답시고 매일 방송국 앞에서 살다시피 한다

03 -다가도

1. (1) 화창하다가도 (2) 생각하다가도 (3) 들다가도 (4) 찬성하다가도

2. (1) 마시다가는 (2) 앓다가는 (3) 내세우다가도 (4) 떠들다가도

말해 봅시다

1. (1) ③ (2) ③ (3) ②

2. (1) ② (2) ③ (3) ①

읽어 봅시다

(1) ① (2) ③ (3) ③

(4)

소비 심리 1	소비자들은 할인된 가격으로 물건을 판매한다고 하면 더 싸게 살 수 있는 기회를 얻었다고 생각한다.
소비 심리 2	소비자들은 구입할 수 있는 시간이나 수량이 한정되어 있는 경우에 상품의 가치가 더 높다고 생각한다.

써 봅시다

이 가방에는 360° 회전이 가능한 바퀴가 달려 있어서 끌고 다니기에 매우 편합니다. 이번 여행에서 울퉁불퉁한 길 위를 마구 끌고 다녔는데도 바퀴가 튼튼해서 만족스러웠습니다. 그리고 손잡이는 최대 50㎝까지 높이가 조절되어서 사용자의 키에 맞출 수 있습니다. 또한 사진에서 보시다시피 여러 가지 물건을 넣을 수 있게끔 바깥쪽과 안쪽에 다양한 크기의 주머니가 있어서 좋습니다.

토의해 봅시다

(1) ② (2) ③ (3) ②

제10과 예술과 문학

어휘

1. (1) 여생　(2) 생동감　(3) 사사건건　(4) 절대적　(5) 은퇴　(6) 본질

2. (1) 문병하러　(2) 선명해서　(3) 은은해서　(4) 구슬프게　(5) 출품한
   (6) 거부될　(7) 능통하대요

3. (1) 하품이 나왔다　(2) 뉴스에 나오는 바람에　(3) 대학을 나와도

4. (1) 꿈보다 해몽이 좋네요　(2) 수박 겉 핥기　(3) 나무를 보고 숲을 보지 못한다고

준비합시다

01 -(으)ㄴ/는 이상

1. (1) 막히는 이상　(2) 맡은 이상　(3) 선택한 이상

2. (1) ②　(2) ①　(3) ①

02 -(으)리라

1. (1) 끊으리라　(2) 따리라　(3) 취업하리라　(4) 미루지 않으리라　(5) 올리리라
   (6) 마련하리라　(7) 해내리라

03 -(으)오

1. (1) 오랜만이오　(2) 지냈소　(3) 어렵소　(4) 했잖소　(5) 보여 주겠소
   (6) 궁금하오　(7) 오시오　(8) 지냅시다

말해 봅시다

1. (1) ① (2) ② (3) ①

2. (1) ② (2) ③ (3) ②

읽어 봅시다

(1) ② (2) ② (3) ①

(2)

전반부	뜨거운 사랑의 열정과 희생
후반부	사랑의 쓸쓸함과 외로움

써 봅시다

나를 사랑해 주는 그 사람과 둘이서
그 사람의 따뜻한 손을 잡고

토론해 봅시다

(1) ② (2) ① (3) ①

지은이 소개

이정연 이화여자대학교 언어교육원 전임강사
한국외국어대학교 국어국문학과 박사

이민경 이화여자대학교 언어교육원 특임교수
이화여자대학교 한국학과 박사

김민정 이화여자대학교 언어교육원 전임강사
이화여자대학교 한국학과 박사

이화영 전 이화여자대학교 언어교육원 강사
이화여자대학교 중어중문학과 박사 수료

장세영 이화여자대학교 언어교육원 강사
경희대학교 교육대학원 외국어로서의 한국어교육전공 석사